山西珍贵文物档案

9

山西省考古研究所综合卷

山西省文物局 编

科 学 出 版 社
北 京

图书在版编目（CIP）数据

山西珍贵文物档案. 9 / 山西省文物局编. -- 北京 : 科学出版社，2019.9
ISBN 978-7-03-062132-0

Ⅰ. ①山… Ⅱ. ①山… Ⅲ. ①文物–介绍–山西 Ⅳ. ①K872.25

中国版本图书馆CIP数据核字（2019）第180234号

责任编辑：张亚娜 樊 鑫 / 责任校对：贾娜娜
责任印制：肖 兴 / 书籍设计：李猛工作室

科学出版社出版
北京东黄城根北街16号
邮政编码：100717
http://www.sciencep.com

北京华联印刷有限公司 印刷
科学出版社发行 各地新华书店经销

*

2019年9月第 一 版 开本：889 × 1194 1/16
2019年9月第一次印刷 印张：15 1/4
字数：130 000

定价：300.00元

《山西珍贵文物档案》编辑委员会

凡 例

1.《山西珍贵文物档案》(以下简称《档案》)是山西省境内国家机关、事业单位、国有企业及国有控股企业收藏的珍贵文物档案。内容包括收藏文物目录、文物基础信息及文物图片。

2.《档案》中的文物原则上是以历次经国家文物局、省文物局组织专家认定的珍贵文物，包含已在第一次全国可移动文物普查平台上备案的珍贵文物或在普查后新定级的珍贵文物。信息表中的“级”即为所认定珍贵文物的级别。

3. 珍贵文物分类原则上按照国家文物局馆藏分类标准来分类，信息表中以“类”表示。

4. 文物的基础信息包括文物名称，国家普查平台登录号，收藏单位，收藏单位原始编号（或辅助账号、发掘号），级别，分类，尺寸，年代，来源，入藏时间等10项内容。

5. 文物名称原则是依据第一次全国可移动文物普查定名标准定名，但部分文物的定名保留原始账号的名称。

6. 文物单位编号分收藏单位原始编号和国家普查平台登录号，表中“原”为收藏单位原始档案编号，“No”是国家可移动文物普查平台登录号。需要说明的是，新增一级文物无国家可移动文物普查平台登录号。

7. 年代采用中国史学界公认的纪年，古人类和古脊椎动物化石地点使用地质年代，史前文物使用考古学年代、历史文物使用王朝年代，纪年确切的用公元纪年表示，个别判定不清年代的文物用“年代不详”表示。信息中的“代”是指文物本体的年代，各类文物年代按时代早晚顺序排列。

8. 信息表中的“源”是指现收藏单位获得文物的来源，“入”是指馆藏文物单位登记入库的时间。

9. 文物本体尺寸，依照第一次全国可移动文物普查的标准测量，信息表中的“cm”是指文物本体尺寸，以厘米计量。

《山西珍贵文物档案》编辑委员会

前 言

人类对文物艺术品的收藏由来已久，从私人收藏、欣赏、研究，发展到创办博物馆向公众开放，走过了悠悠数千年的漫长道路。文物藏品是博物馆工作的物质基础，妥善保护和管理博物馆藏品，并在此基础上拓展其用途，使之更好地为公众和社会发展服务，这应当是博物馆以及其他文物收藏单位藏品管理工作的出发点和落脚点。

博物馆藏品管理是伴随着博物馆的出现而“与生俱来”的，世界各国大都经历了对藏品认识的不断深化，不断走向规范化、制度化和科学化的发展过程。中国的博物馆事业与西方国家相比起步较晚，直到21世纪才步入了快速发展的新时期。1982年颁布的《中华人民共和国文物保护法》规定：“历史上各时代重要实物、艺术品、文献、手稿、图书资料、代表性实物等可移动文物，分为珍贵文物和一般文物；珍贵文物分为一级文物、二级文物、三级文物”；“博物馆、图书馆和其他文物收藏单位对收藏的文物，必须区分文物等级，设置藏品档案，建立严格的管理制度，并报主管的文物行政部门备案”。同时，对馆藏文物的调拨、举办展览、科学研究、借用、交换、处置、销售、拍卖、出境和馆藏文物的复制、拍摄、拓印也做出了具体规定；1986年文化部印发《博物馆藏品管理办法》，进一步规定“博物馆对藏品负有科学管理、科学保护、整理研究、公开展出和提供使用（对社会主要是提供展品资料、研究成果）的责任”，要求保管工作必须做到“制度健全、账目清楚、鉴定确切、编目详明、保管妥善、查用方便”。国家法律和规章的出台，使可移动文物的保护管理逐步纳入法制化轨道。

2012年2月，《国家“十二五”文化改革发展规划纲要》明确提出“健全文物普查、登记、建档、认定制度，开展可移动文物普查，编制国家珍贵文物名录”。2012年10月，国务院印发《关于开展第一次全国可移动文物普查的通知》。2013年3月，国家普查领导小组办公室向全国印发了《第一次全国可移动文物普查实施方案》。在国家文物局的具体组织下，各级国家机关、事业单位、国有企业及国有控股企业、人民解放军及武警部队按照统一部署，展开了为时5年的国有文物普查工作，共调查102万个国有单位，普查可移动文物计10815万件/套，其中按照普查统一标准登录文物完整信息的有2661万件/套（实际数量6407万件）。这次普查工作，摸清了我国可移动文物资源的总体情况，新发现一批重要文物，建立起国家文物身份证制度，建设了全国文物资源数据库，为健全国家文物资源管理机制，夯实文物基础工作，全面提升文物保护管理水平奠定了坚实基础。

山西是全国文物大省之一，1919 年设立了山西教育图书博物馆，是创建博物馆较早的省份。新中国成立以后，特别是改革开放和 21 世纪以来，全省博物馆事业得到了快速发展，大量新出土文物、社会征集文物入藏各级国有博物馆和其他文物收藏单位，越来越多的现代化博物馆逐步建成，为馆藏文物的保护、研究、展示、文化传播提供了前所未有的条件和基础。但不容忽视的是，也有许多文物收藏单位，因专业力量薄弱、保藏条件有限，藏品管理存在管理理念落后，管理职责不明，制度规范落实不到位，藏品记录不完备，文物分级管理底数不清，档案缺失等诸多问题，给馆藏文物的依法管理、文物藏品的展示利用、文物安全和责任追究带来很多困难和问题。就山西而言，在“一普”之前，珍贵文物的底数始终不清晰，有记载的鉴定定级工作大致如下：

20 世纪 80 年代以前，全省博物馆数量较少，除几个省市级博物馆自行做过一些鉴定定级工作外，没有开展过全省范围的鉴定定级工作。1987 ~ 1989 年，省文物局组织开展了一次全省文物系统馆藏文物的鉴定定级工作，对全省文物收藏单位进行文物建档起到了积极的推动作用，遗憾的是，鉴定结束后未形成文件下发收藏单位。1997 ~ 1998 年，国家文物局组织文物鉴定委员会专家对我省的鉴定定级成果进行了一次系统梳理和专业确认，奠定了我省珍贵文物定级的基础和范例。2001 ~ 2006 年，我省承担财政部、国家文物局馆藏文物数字化和数据库建设试点任务，对录入数据库的 120 万件文物进行了核查，补充了部分珍贵文物信息资料，编印了《山西馆藏一级文物》图录，上报国家文物局备案。

2012 ~ 2016 年开展的第一次全国可移动文物普查，是山西全省范围内开展的规模最大、时间最久、效果最好的可移动文物管理的基础性工作。41316 家在晋国家机关、事业单位、国有企业及国有控股企业都纳入了此次普查范围。核定文物收藏单位 413 家，认定并登录文物数据 653100 多条（件/套），实际文物 320 多万件，其中珍贵文物近 6 万件。

珍贵文物是所有文物藏品中的重中之重。在普查后期开展的数据核查过程中，我们清楚地认识到，我省现有珍贵文物在鉴定定级记录、收藏档案记录、账实是否相符、信息是否完备等方面还存在一些问题，我们有责任按照《中华人民共和国文物保护法》的要求，继续对珍贵文物的收藏情况、鉴定定级情况、信息记录资料、收藏流转情况等做出进一步核对和完善，并及时将文物档案的主要信息公之于众，以提升公共文化服务的能力和水平。

文物承载灿烂文明，传承历史文化，维系民族精神，是老祖宗留给我们的宝贵遗产，是加强社会主义精神文明建设的深厚滋养。保护好、管理好、利用好、传承好历史文物，是新时代社会主义文博工作的重大使命。为了实现这一目标，我省经过认真分析研究，决定在加强管理的基础上，按照现行管理体制，由省级到市县，从一级文物入手，然后二级、三级，逐步整理、编辑出版《山西珍贵文物档案》（以下简称《档案》），同时利用编印《档案》的任务压力，反过来助推藏品日常管理的精细化和藏品档案的建立健全。我们希望这套《档案》能成为全省文物单位依法保护、管理、利用珍贵文物的工具书，同时也能有利于文物信息的社会共享，起到公共文化服务的积极作用。

编辑出版文物档案，没有先例可循，我们只是因着粗浅的认识和责任担当意识抛砖引玉，为全国同行探路试水，因此缺点和错误定所难免。真诚希望国家文物局和专家学者批评指正，使我们在今后的工作中不断改进。

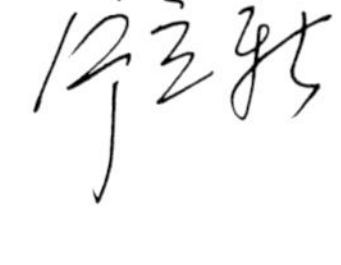

目 录

新石器时代 嵌绿松石三璜连缀玉璧

No 1401062180001700021080

藏 山西省考古研究所

原 SKT3848 清凉寺 M100：3

级 一级

类 玉石器、宝石

代 新石器时代

cm 外径 11.4，厚 0.59

源 2005 年山西省芮城县清凉寺史前墓地出土

入 2005 年

新石器时代 玉琮

No 14010621800017000210O5

藏 山西省考古研究所

原 SKT3850 清凉寺 M52：1

级 一级

类 玉石器、宝石

代 新石器时代

cm 长 7，高 4.3

源 2005 年山西省芮城县清凉寺史前墓地出土

入 2005 年

新石器时代 玉环

No 1401062180001700021001
藏 山西省考古研究所
原 SKT3852 清凉寺 M22：1
级 一级
类 玉石器、宝石
代 新石器时代
cm 外径 10.4，厚 0.66
源 2005 年山西省芮城县清凉寺史前墓地出土
入 2005 年

新石器时代 双璜连缀玉璧

No 1401062180001700020982
藏 山西省考古研究所
原 SKT3854 清凉寺 M100：6
级 一级
类 玉石器、宝石
代 新石器时代
cm 外径 13，厚 0.77
源 2005 年山西省芮城县清凉寺史前墓地出土
入 2005 年

新石器时代 玉牙璧

- No 1401062180001700021133
- 藏 山西省考古研究所
- 原 SKT3863 清凉寺 M100：7
- 级 一级
- 类 玉石器、宝石
- 代 新石器时代
- cm 长 12.8，宽 12.2，厚 0.72
- 源 2005 年山西省芮城县清凉寺史前墓地出土
- 入 2005 年

新石器时代 三联璜玉璧

No

藏 山西省考古研究所

原 SK3840 清凉寺 M162：1

级 一级

类 玉石器、宝石

代 新石器时代

cm 外径 13.6~13.8，厚 0.2~0.4

源 2005 年山西省芮城县清凉寺史前墓地出土

入 2005 年

新石器时代 二联璜玉璧

No

藏 山西省考古研究所

原 SK3841 清凉寺 M155：2

级 一级

类 玉石器、宝石

代 新石器时代

cm 外径 18.5~19.2，厚 0.4

源 2005 年山西省芮城县清凉寺史前墓地出土

入 2005 年

新石器时代 六边形玉臂饰

No

藏 山西省考古研究所

原 SK3851 清凉寺 M146：3

级 一级

类 玉石器、宝石

代 新石器时代

cm 孔径 6.3，高 3.8

源 2005 年山西省芮城县清凉寺史前墓地出土

入 2005 年

新石器时代 玉环

No

藏 山西省考古研究所

原 SK3853 清凉寺 M275：2

级 一级

类 玉石器、宝石

代 新石器时代

cm 外径 10.7~11.1，厚 0.3~0.4

源 2005 年山西省芮城县清凉寺史前墓地出土

入 2005 年

新石器时代 玉琮

No

藏 山西省考古研究所

原 晋侯墓地 M8：207

级 一级

类 玉石器、宝石

代 新石器时代

cm 高 6.7

源 1993 年山西省曲沃县北赵晋侯墓地出土

入 1993 年

新石器时代 玉神面

No 1401062180001700021099
藏 山西省考古研究所
原 SKT3933 羊舌 M1：88
级 一级
类 玉石器、宝石
代 新石器时代
cm 长 6.7，宽 4.4，厚 0.65
源 2005 年山西省曲沃县羊舌墓地出土
入 2005 年

商 玉鹿头

No

藏 山西省考古研究所

原 SK57 旌介 M2：19

级 一级

类 玉石器、宝石

代 商

cm 长 3.6，宽 0.8，高 3.2

源 1985 年山西省灵石县旌介商墓出土

入 1985 年

商 青玉燕

No 14010621800017000022739

藏 山西省考古研究所

原 SKT59 旌介 M2：73

级 一级

类 玉石器、宝石

代 商

cm 长 3.3，宽 1.6

源 1985 年山西省灵石县旌介商墓出土

入 1985 年

商 双蝉纹玉璜

No 1401062180001700045312
藏 山西省考古研究所
原 晋侯墓地 M63：90.9
级 一级
类 玉石器、宝石
代 商
cm 长 6.5，宽 0.7，厚 0.5
源 1994 年山西省曲沃县北赵晋侯墓地出土
入 1994 年

商 俯卧状玉牛

No 14010621800017000452229

藏 山西省考古研究所

原 晋侯墓地 M63：162

级 一级

类 玉石器、宝石

代 商

cm 长 3.8，宽 4，高 2.1

源 1994 年山西省曲沃县北赵晋侯墓地出土

入 1994 年

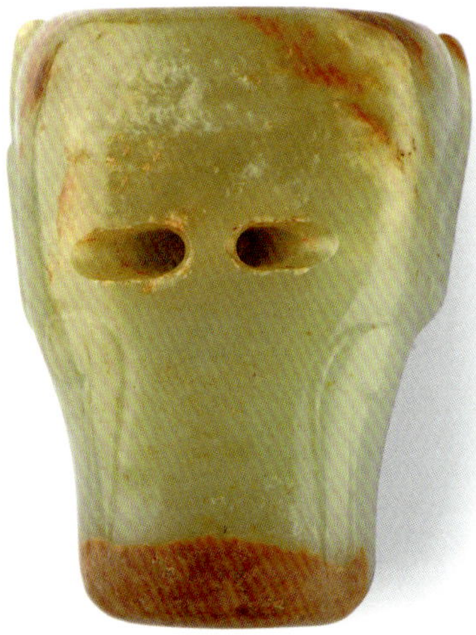

商 玉牛头

No 1401062180001700045520
藏 山西省考古研究所
原 晋侯墓地 M63：90.12.1
级 一级
类 玉石器、宝石
代 商
cm 宽 3.6，高 4.7，厚 2.5，孔径 0.9
源 1994 年山西省曲沃县北赵晋侯墓地出土
入 1994 年

商 玉熊

No

藏 山西省考古研究所

原 晋侯墓地 M63：90-1

级 一级

类 玉石器、宝石

代 商

cm 宽 2.9，高 4.7，厚 2.1

源 1994 年山西省曲沃县北赵晋侯墓地出土

入 1994 年

商 玉马牲

No

藏 山西省考古研究所

原 晋侯墓地 M63：90-35

级 一级

类 玉石器、宝石

代 商

cm 长 7，宽 2.2，高 4

源 1994 年山西省曲沃县北赵晋侯墓地出土

入 1994 年

商 方柱状玉柄形器

No 1401062180001700045235
藏 山西省考古研究所
原 晋侯墓地 M63：160
级 一级
类 玉石器、宝石
代 商
cm 长 10.7，宽 1.7，孔径 1
源 1994 年山西省曲沃县北赵晋侯墓地出土
入 1994 年

商 人龙纹玉璜

No 1401062180001700045250
藏 山西省考古研究所
原 晋侯墓地 M63：209
级 一级
类 玉石器、宝石
代 商
cm 长 8.4，宽 1.4，厚 0.3
源 1994 年山西省曲沃县北赵晋侯墓地出土
入 1994 年

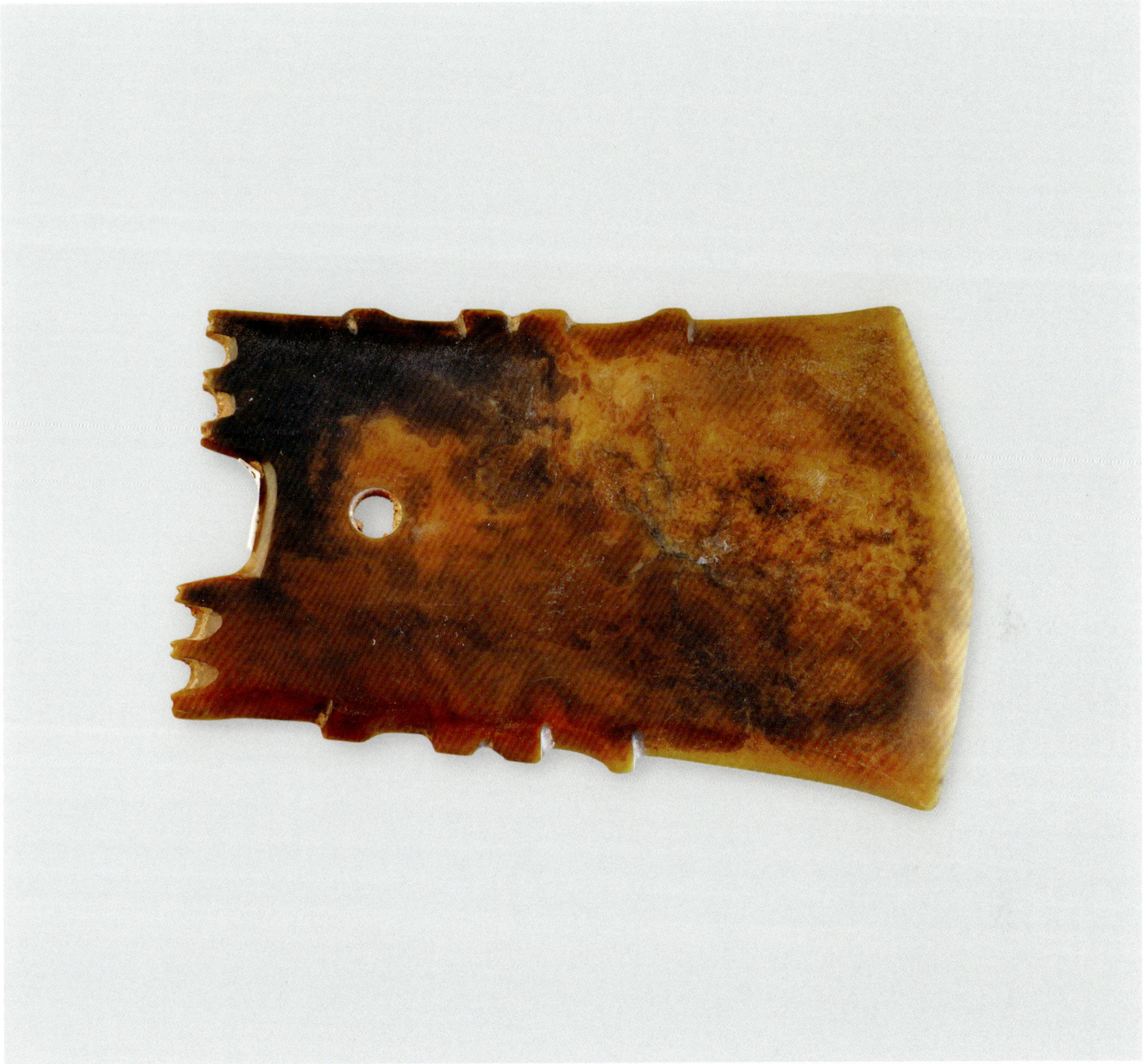

商 有齿玉戚

- No 14010621800017000025595
- 藏 山西省考古研究所
- 原 skqc0969 侯马曲村 M113：29
- 级 一级
- 类 玉石器、宝石
- 代 商
- cm 长 10，宽 7，厚 0.3
- 源 2000 年山西省曲沃县北赵晋侯墓地出土
- 入 2000 年

商 兽面纹玉韘

No 140106218000170002102l

藏 山西省考古研究所

原 SKT3929 羊舌 M1：14

级 一级

类 玉石器、宝石

代 商

cm 长 4.84，宽 2.9，高 0.43

源 2005 年山西省曲沃县羊舌墓地出土

入 2005 年

商 玉龙堵头

No

藏 山西省考古研究所

原 SK3918 羊舌墓地 M2：15

级 一级

类 玉石器、宝石

代 商

cm 长 4.2，厚 0.8

源 2005 年山西省曲沃县羊舌墓地出土

入 2005 年

商 玉鸟

No

藏 山西省考古研究所

原 羊舌墓地 M2：35

级 一级

类 玉石器、宝石

代 商

cm 宽 3.5，高 4

源 2005 年山西省曲沃县羊舌墓地出土

入 2005 年

商 玉虎

- No
- 藏 山西省考古研究所
- 原 羊舌墓地 M2：38
- 级 一级
- 类 玉石器、宝石
- 代 商
- cm 长 8.3，宽 3.8，厚 0.5
- 源 2005 年山西省曲沃县羊舌墓地出土
- 入 2005 年

西周 玉覆面

No

藏 山西省考古研究所

原 晋侯墓地 M8：82

级 一级

类 玉石器、宝石

代 西周

cm 最大长 29，最大宽 24.5

源 1993 年山西省曲沃县北赵晋侯墓地出土

入 1993 年

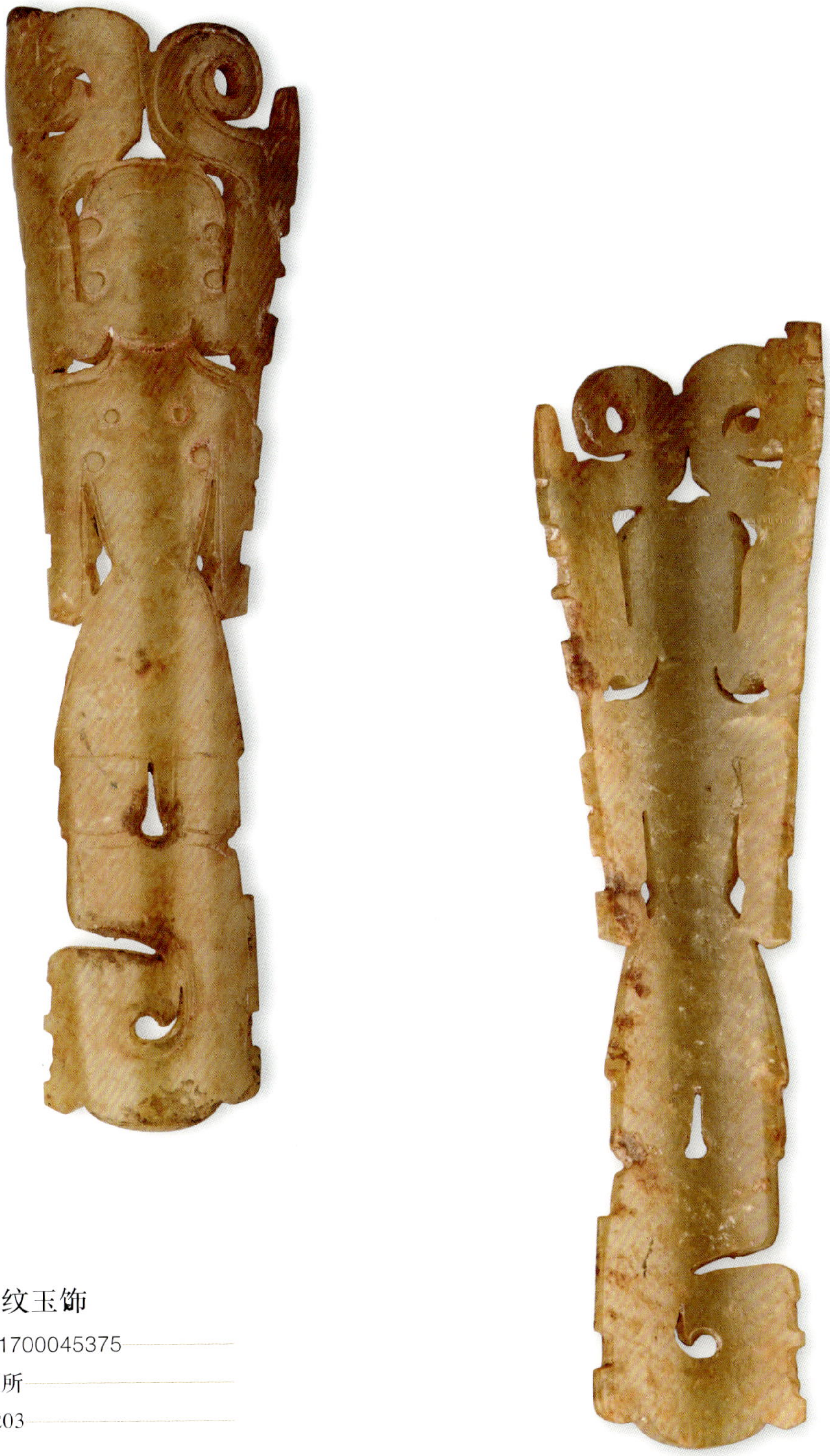

西周 弧面人龙纹玉饰

- No 1401062180001700045375
- 藏 山西省考古研究所
- 原 晋侯墓地 M8：203
- 级 一级
- 类 玉石器、宝石
- 代 西周
- cm 长 9.3，上宽 2.4，下宽 1.8，厚 0.3
- 源 1993 年山西省曲沃县北赵晋侯墓地出土
- 入 1993 年

西周 玉琮

No
藏 山西省考古研究所
原 晋侯墓地 M8：204
级 一级
类 玉石器、宝石
代 西周
cm 高 6，口径 7
源 1993 年山西省曲沃县北赵晋侯墓地出土
入 1993 年

西周 玉钺

No

藏 山西省考古研究所

原 晋侯墓地 M8：232

级 一级

类 玉石器、宝石

代 西周

cm 长 15.5，宽 13，厚 0.9

源 1993 年山西省曲沃县北赵晋侯墓地出土

入 1993 年

西周 站立状玉鹿

No 14010621800017000045184

藏 山西省考古研究所

原 晋侯墓地 M9：110

级 一级

类 玉石器、宝石

代 西周

cm 宽 6.8，高 9，厚 0.3

源 1993 年山西省曲沃县北赵晋侯墓地出土

入 1993 年

西周　回首状玉鹿

No 14010621800017000045532

藏 山西省考古研究所

原 晋侯墓地 M9：111

级 一级

类 玉石器、宝石

代 西周

cm 宽 4.2，高 6.9，厚 0.4

源 1993 年山西省曲沃县北赵晋侯墓地出土

入 1993 年

西周 动物形玉饰

No 14010621800017000045558

藏 山西省考古研究所

原 晋侯墓地 M9：121

级 一级

类 玉石器、宝石

代 西周

cm 长 7，宽 5.1，厚 0.2

源 1993 年山西省曲沃县北赵晋侯墓地出土

入 1993 年

西周 回首状玉龙

No 1401062180001700045437
藏 山西省考古研究所
原 晋侯墓地 M13：48
级 一级
类 玉石器、宝石
代 西周
cm 长 6.4，宽 2.3，厚 0.2
源 1993 年山西省曲沃县北赵晋侯墓地出土
入 1993 年

西周 人龙纹玉饰

No 14010621800017000045485

藏 山西省考古研究所

原 晋侯墓地 M31：24

级 一级

类 玉石器、宝石

代 西周

cm 长 7.5，宽 2.8，厚 0.1

源 1993 年山西省曲沃县北赵晋侯墓地出土

入 1993 年

西周 镂空人龙纹玉饰

No 1401062180001700045315

藏 山西省考古研究所

原 晋侯墓地 M31：36

级 一级

类 玉石器、宝石

代 西周

cm 长 6.3，宽 4.2，厚 0.3

源 1993 年山西省曲沃县北赵晋侯墓地出土

入 1993 年

西周 煤质串饰

No

藏 山西省考古研究所

原 晋侯墓地 M31：57-1

级 一级

类 玉石器、宝石

代 西周

cm 通长 50，璜长 10.8

源 1993 年山西省曲沃县北赵晋侯墓地出土

入 1993 年

西周 人龙纹玉环

No 1401062180001700045246

藏 山西省考古研究所

原 晋侯墓地 M31：66

级 一级

类 玉石器、宝石

代 西周

cm 外径 12.9，内径 7.1，厚 0.3

源 1993 年山西省曲沃县北赵晋侯墓地出土

入 1993 年

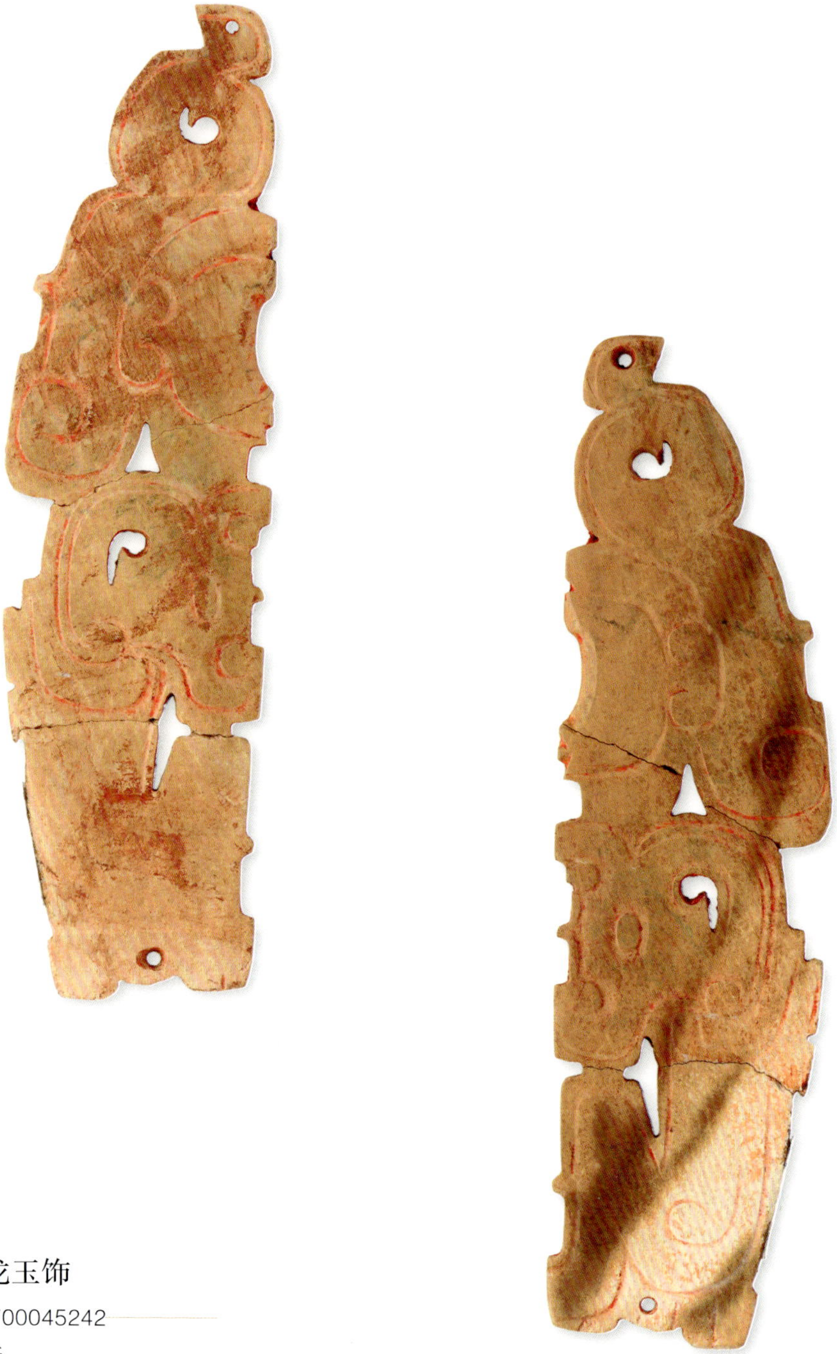

西周 蹲踞状人龙玉饰

No 1401062180001700045242
藏 山西省考古研究所
原 晋侯墓地 M31：86
级 一级
类 玉石器、宝石
代 西周
cm 宽 2.4，高 8.7，厚 0.2
源 1993 年山西省曲沃县北赵晋侯墓地出土
入 1993 年

西周 煤质串饰

No

藏 山西省考古研究所

原 晋侯墓地 M31：89

级 一级

类 玉石器、宝石

代 西周

cm 通长 25.5，璜长 11.5

源 1993 年山西省曲沃县北赵晋侯墓地出土

入 1993 年

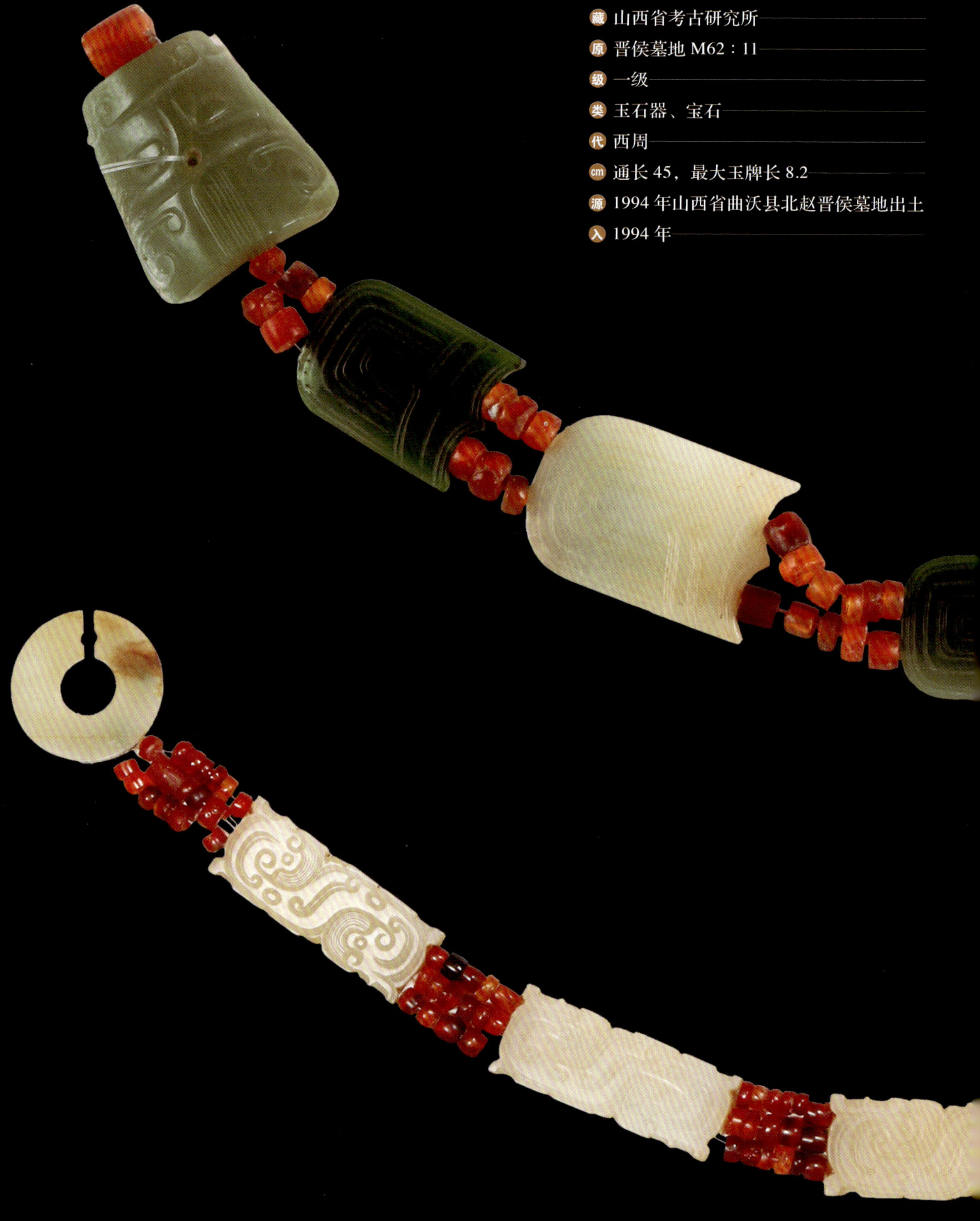

西周 玉串饰

No

藏 山西省考古研究所

原 晋侯墓地 M62：11

级 一级

类 玉石器、宝石

代 西周

cm 通长 45，最大玉牌长 8.2

源 1994 年山西省曲沃县北赵晋侯墓地出土

入 1994 年

西周 玉串饰

No

藏 山西省考古研究所

原 晋侯墓地 M62：12

级 一级

类 玉石器、宝石

代 西周

cm 通长 35

源 1994 年山西省曲沃县北赵晋侯墓地出土

入 1994 年

西周 蹲踞状璜形玉人龙

No 1401062180001700045207
藏 山西省考古研究所
原 晋侯墓地 M63：21
级 一级
类 玉石器、宝石
代 西周
cm 宽 4.2、高 9.7、厚 0.5
源 1994 年山西省曲沃县北赵晋侯墓地出土
入 1994 年

西周 分尾玉鸟

No 14010621800017000045193

藏 山西省考古研究所

原 晋侯墓地 M63：28

级 一级

类 玉石器、宝石

代 西周

cm 长 7.9，宽 3.8，厚 0.1

源 1994 年山西省曲沃县北赵晋侯墓地出土

入 1994 年

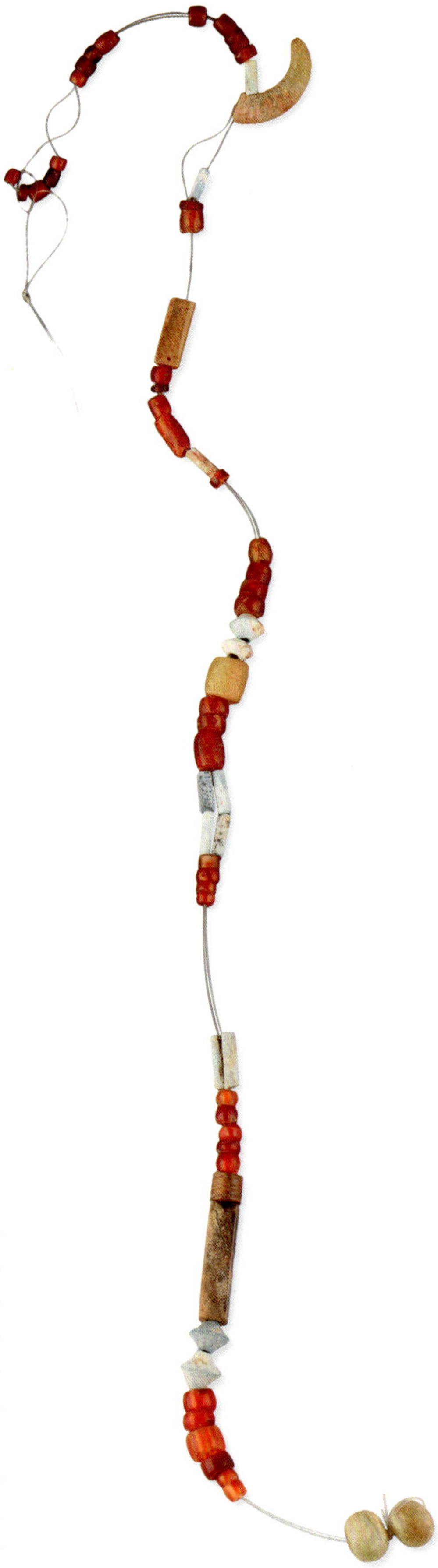

西周 联珠玉串饰

No 1401062180001700045287
藏 山西省考古研究所
原 晋侯墓地 M63：36.1
级 一级
类 玉石器、宝石
代 西周
cm 通长 74；大玉方管长 4，宽 1，厚 0.9；小玛瑙珠长 0.2，直径 0.6，孔径 0.2
源 1994 年山西省曲沃县北赵晋侯墓地出土
入 1994 年

西周 联珠玉串饰

No 1401062180001700045326

藏 山西省考古研究所

原 晋侯墓地 M63：36.2

级 一级

类 玉石器、宝石

代 西周

cm 通长 73；大玛瑙管长 2.5，直径 1，孔径 0.5；小玛瑙珠长 0.3，直径 0.6，孔径 0.3

源 1994 年山西省曲沃县北赵晋侯墓地出土

入 1994 年

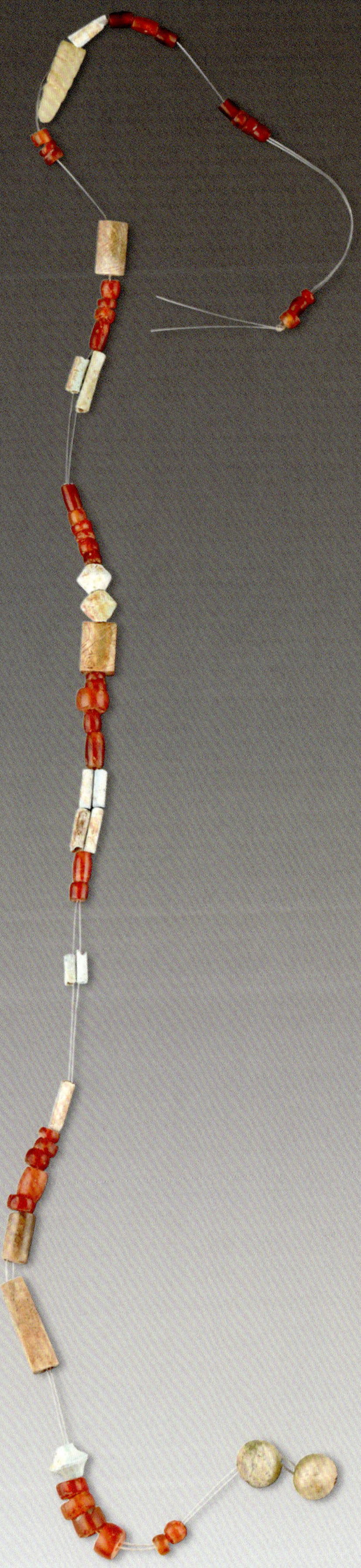

西周 联珠玉串饰

No 1401062180001700045203

藏 山西省考古研究所

原 晋侯墓地 M63：36.3

级 一级

类 玉石器、宝石

代 西周

cm 通长 80；大玉方管长 3.1，宽 0.9，厚 0.8；小玛瑙珠长 0.3，直径 0.6，孔径 0.2

源 1994 年山西省曲沃县北赵晋侯墓地出土

入 1994 年

西周 联珠玉串饰

No 1401062180001700045416
藏 山西省考古研究所
原 晋侯墓地 M63：36.4
级 一级
类 玉石器、宝石
代 西周
cm 通长 65；大玉管长 2.7、宽 1.1、厚 0.7；小玛瑙珠长 0.2、直径 0.7、孔径 0.2
源 1994 年山西省曲沃县北赵晋侯墓地出土
入 1994 年

西周 联珠玉串饰

No 14010621800017000045319
藏 山西省考古研究所
原 晋侯墓地 M63：36.5
级 一级
类 玉石器、宝石
代 西周
cm 通长 73；大玉方管长 3.7，宽 1，厚 0.9；小玛瑙珠长 0.3，直径 0.5，孔径 0.3
源 1994 年山西省曲沃县北赵晋侯墓地出土
入 1994 年

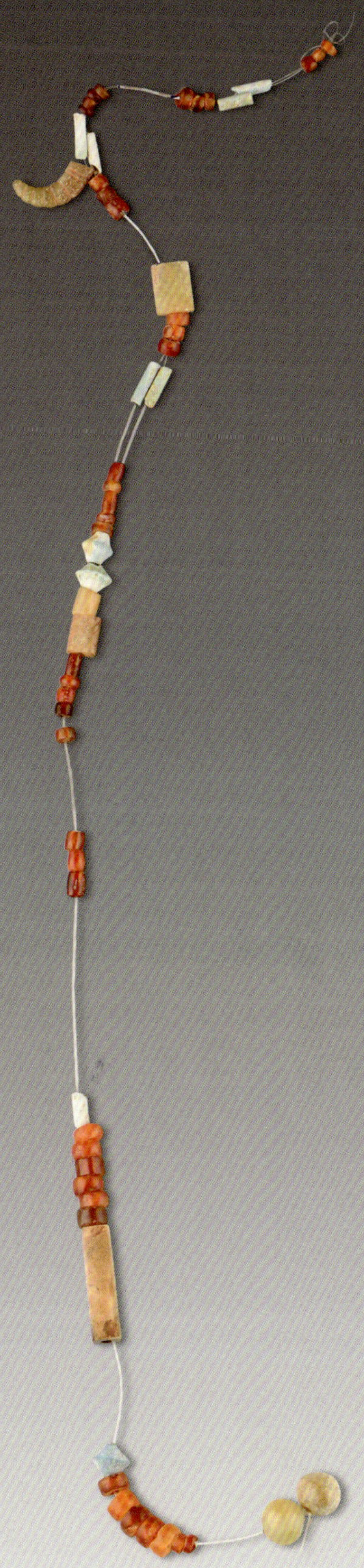

西周 联珠玉串饰

No 14010621800017000045180

藏 山西省考古研究所

原 晋侯墓地 M63 : 36.6

级 一级

类 玉石器、宝石

代 西周

cm 通长 71；大玉方管长 3.9，宽 1，厚 1；小玛瑙珠长 0.4，直径 0.6，孔径 0.2

源 1994 年山西省曲沃县北赵晋侯墓地出土

入 1994 年

西周 联珠玉串饰

No 14010621800017000045371

藏 山西省考古研究所

原 晋侯墓地 M63：36.7

级 一级

类 玉石器、宝石

代 西周

cm 通长 69；大玉圆管长 4.5，直径 1.1，孔径 0.4；小玛瑙珠长 0.4，直径 0.5，孔径 0.2

源 1994 年山西省曲沃县北赵晋侯墓地出土

入 1994 年

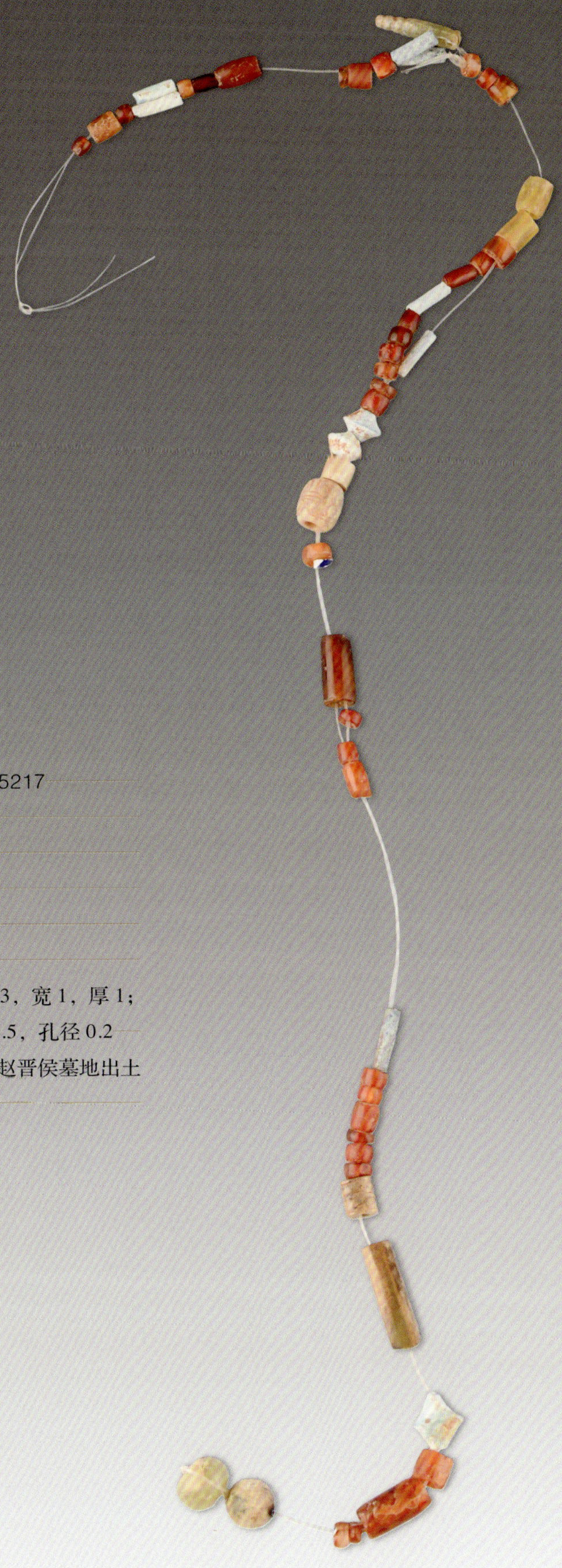

西周 联珠玉串饰

No 1401062180001700045217

藏 山西省考古研究所

原 晋侯墓地 M63：36.8

级 一级

类 玉石器、宝石

代 西周

cm 通长 70；大玉方管长 4.3，宽 1，厚 1；小玛瑙珠长 0.4，直径 0.5，孔径 0.2

源 1994 年山西省曲沃县北赵晋侯墓地出土

入 1994 年

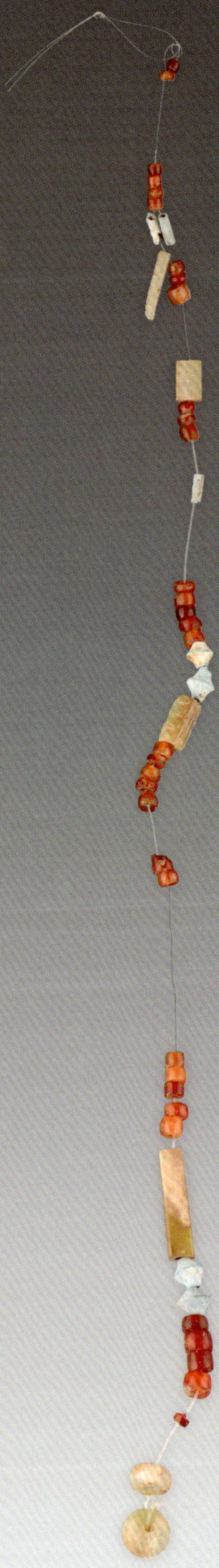

西周 联珠玉串饰

No 1401062180001700045344
藏 山西省考古研究所
原 晋侯墓地 M63：36.9
级 一级
类 玉石器、宝石
代 西周
cm 通长 65；大玉方管长 3，宽 0.9，厚 0.9；小玛瑙珠长 0.4，直径 0.5，孔径 0.3
源 1994 年山西省曲沃县北赵晋侯墓地出土
入 1994 年

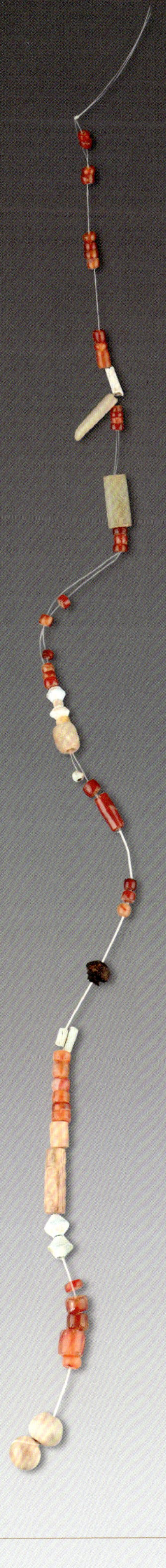

西周 联珠玉串饰

No 14010621800017000454493

藏 山西省考古研究所

原 晋侯墓地 M63：36.10

级 一级

类 玉石器、宝石

代 西周

cm 通长 71；大玉圆管长 3.2，直径 0.8；
小玛瑙珠长 0.3，直径 0.6，孔径 0.2

源 1994 年山西省曲沃县北赵晋侯墓地出土

入 1994 年

西周 玉覆面

No 1401062180001700045538
藏 山西省考古研究所
原 晋侯墓地 M63：8
级 一级
类 玉石器、宝石
代 西周
cm 通宽23、通高33；玉圭长10、宽3、厚0.7；方圆形玉片长 2.9、宽 1.7、厚 0.2
源 1994 年山西省曲沃县北赵晋侯墓地出土
入 1994 年

西周 双面玉人

No 1401062180001700045258

藏 山西省考古研究所

原 晋侯墓地 M63：90.3

级 一级

类 玉石器、宝石

代 西周

cm 宽 2.3、高 5.5、厚 1.4

源 1994 年山西省曲沃县北赵晋侯墓地出土

入 1994 年

西周 玉小鼎

No

藏 山西省考古研究所

原 晋侯墓地 M63：90-41

级 一级

类 玉石器、宝石

代 西周

cm 长 2，宽 2，高 2

源 1994 年山西省曲沃县北赵晋侯墓地出土

入 1994 年

西周 三穿玉戈

No 14010621800017000045299

藏 山西省考古研究所

原 晋侯墓地 M63：113

级 一级

类 玉石器、宝石

代 西周

cm 长 47.5，宽 7.3，厚 0.2

源 1994 年山西省曲沃县北赵晋侯墓地出土

入 1994 年

西周 双重内玉戈

No 140106218000170004521 6

藏 山西省考古研究所

原 晋侯墓地 M63：114

级 一级

类 玉石器、宝石

代 西周

cm 长 56，宽 10，厚 0.5

源 1994 年山西省曲沃县北赵晋侯墓地出土

入 1994 年

西周 蹲踞状人龙玉饰

No 1401062180001700045267

藏 山西省考古研究所

原 晋侯墓地 M63：129

级 一级

类 玉石器、宝石

代 西周

cm 宽 3.1，高 6.6，厚 0.3

源 1994 年山西省曲沃县北赵晋侯墓地出土

入 1994 年

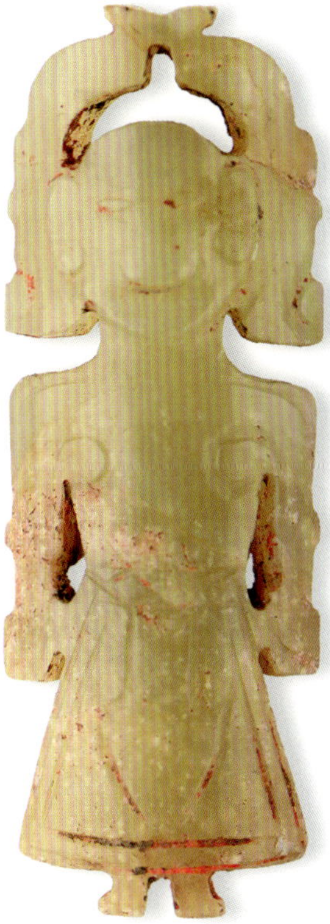

西周 正立弧面玉人

No 14010621800017000045343

藏 山西省考古研究所

原 晋侯墓地 M63：173

级 一级

类 玉石器、宝石

代 西周

cm 宽 1.7，高 4.8，厚 0.4

源 1994 年山西省曲沃县北赵晋侯墓地出土

入 1994 年

西周 蹲踞状镂空玉人龙

No 14010621800017000455554

藏 山西省考古研究所

原 晋侯墓地 M63：174

级 一级

类 玉石器、宝石

代 西周

cm 长 7.6，宽 2.6，厚 0.2

源 1994 年山西省曲沃县北赵晋侯墓地出土

入 1994 年

西周 蹲踞状镂空玉人龙

No 1401062180001700045363
藏 山西省考古研究所
原 晋侯墓地 M63：187
级 一级
类 玉石器、宝石
代 西周
cm 宽 3，高 9，厚 0.5
源 1994 年山西省曲沃县北赵晋侯墓地出土
入 1994 年

西周 玉虎

No 1401062180001700045441
藏 山西省考古研究所
原 晋侯墓地 M63：189
级 一级
类 玉石器、宝石
代 西周
cm 长 5.3，宽 3.2，厚 0.6
源 1994 年山西省曲沃县北赵晋侯墓地出土
入 1994 年

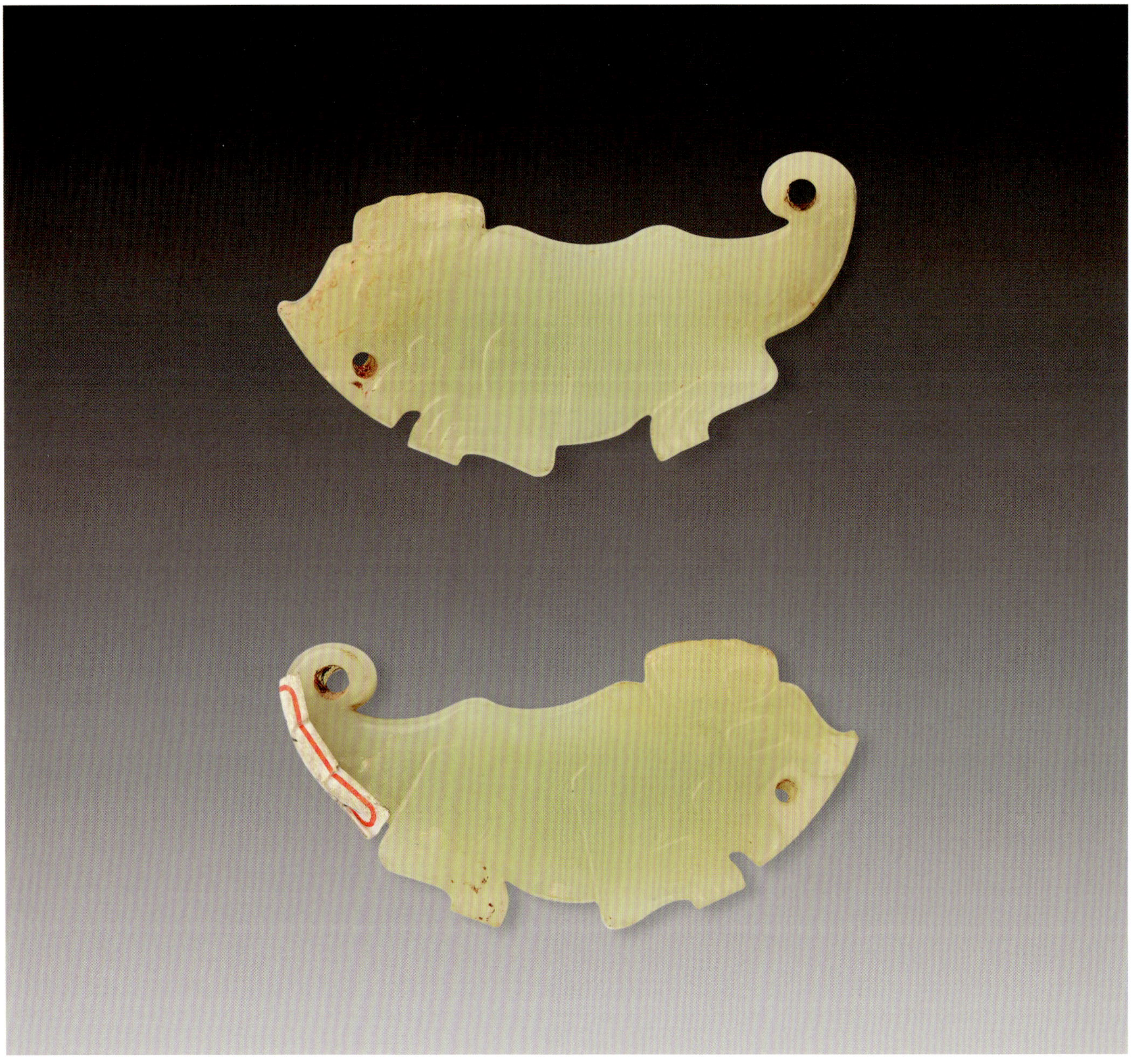

西周 玉覆面

No 1401062180001700045254
藏 山西省考古研究所
原 晋侯墓地 M64：24
级 一级
类 玉石器、宝石
代 西周
cm 圭长2，宽1.9，厚0.4；小三齿缀饰长1.9，宽 1.8，厚 0.2
源 1994 年山西省曲沃县北赵晋侯墓地出土
入 1994 年

西周 玉覆面

- No 1401062180001700045215
- 藏 山西省考古研究所
- 原 晋侯墓地 M91：2
- 级 一级
- 类 玉石器、宝石
- 代 西周
- cm 通长 30，通宽 21；玉柄形器长 14.3，宽 2.8，厚 0.4；小玉缀长 2.3，宽 1.9，厚 0.2
- 源 1994 年山西省曲沃县北赵晋侯墓地出土
- 入 1994 年

西周 缀玉覆面

- No 14010621800017000045248
- 藏 山西省考古研究所
- 原 晋侯墓地 M92：41
- 级 一级
- 类 玉石器、宝石
- 代 西周
- cm 通长 30，通宽 27；玉璜长 7.7，宽 2.1，厚 0.3；小玉缀长 2.1，宽 1.9，厚 0.2
- 源 1994 年山西省曲沃县北赵晋侯墓地出土
- 入 1994 年

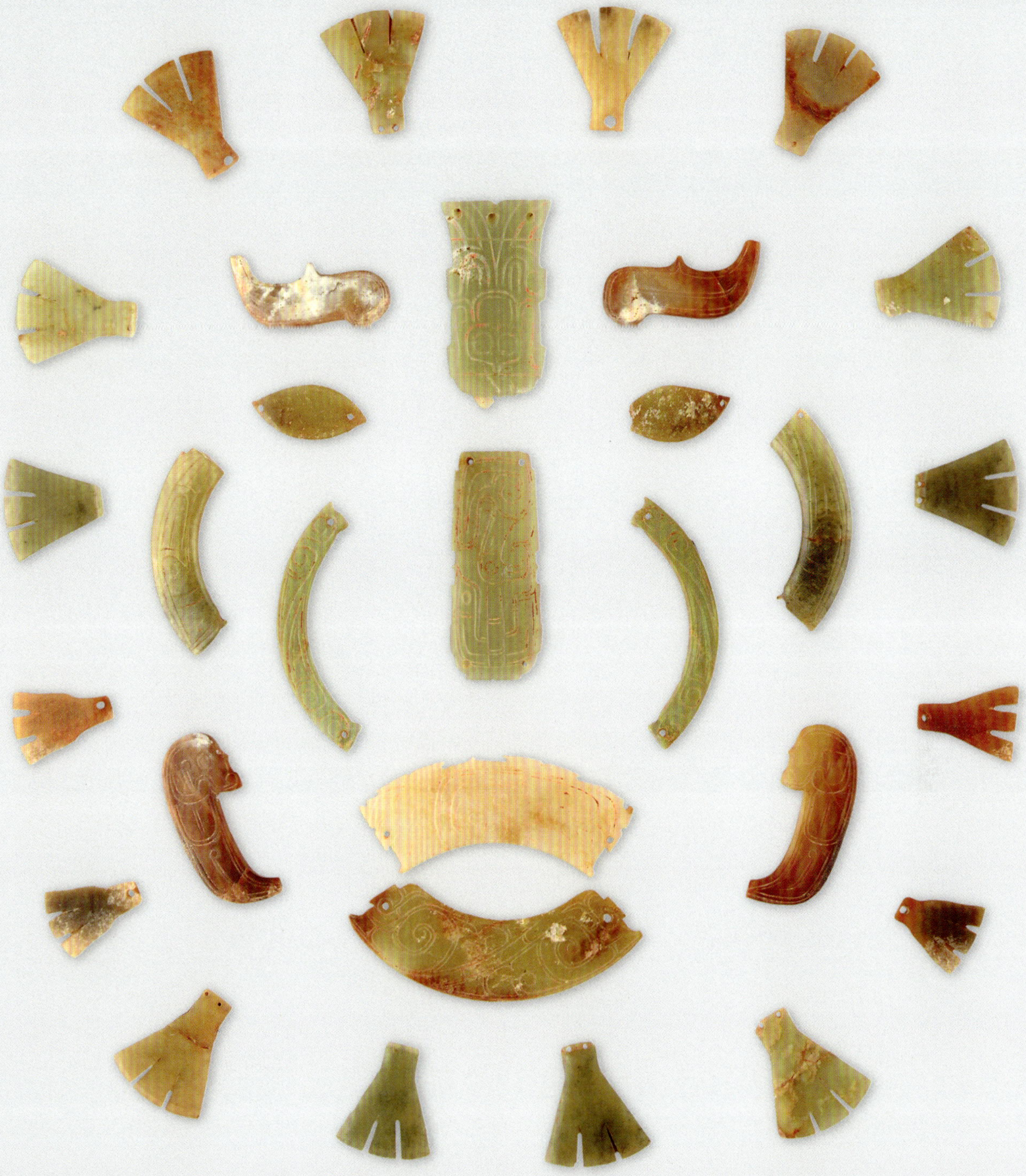

西周　莲瓣形牌联珠玉串饰

No 1401062180001700045255

藏 山西省考古研究所

原 晋侯墓地 M64：47

级 一级

类 玉石器、宝石

代 西周

cm 长 38.5；玉牌长 5.4，宽 2.8，厚 0.2；小玛瑙珠长 0.4，直径 0.6，孔径 0.2

源 1994 年山西省曲沃县北赵晋侯墓地出土

入 1994 年

西周 站立状玉鸟

No 1401062180001700045345
藏 山西省考古研究所
原 晋侯墓地 M92：50
级 一级
类 玉石器、宝石
代 西周
cm 长 2.3，高 3.3，厚 0.2
源 1994 年山西省曲沃县北赵晋侯墓地出土
入 1994 年

西周 站立状玉鸟

No 1401062180001700045238
藏 山西省考古研究所
原 晋侯墓地 M92：54
级 一级
类 玉石器、宝石
代 西周
cm 长 2.3，高 3.8，厚 0.2
源 1994 年山西省曲沃县北赵晋侯墓地出土
入 1994 年

西周 侧面人龙玉饰

No 140106218000170004523

藏 山西省考古研究所

原 晋侯墓地 M91：20

级 一级

类 玉石器、宝石

代 西周

cm 长 2.3，宽 5.4，厚 0.3

源 1994 年山西省曲沃县北赵晋侯墓地出土

入 1994 年

西周 玉玦

No

藏 山西省考古研究所

原 晋侯墓地 M92：66-1、2

级 一级

类 玉石器、宝石

代 西周

cm 外径 2

源 1994 年山西省曲沃县北赵晋侯墓地出土

入 1994 年

西周 玉鱼

No

藏 山西省考古研究所

原 晋侯墓地 M92：67-1、2、3、4

级 一级

类 玉石器、宝石

代 西周

cm 长 11.6

源 1994 年山西省曲沃县北赵晋侯墓地出土

入 1994 年

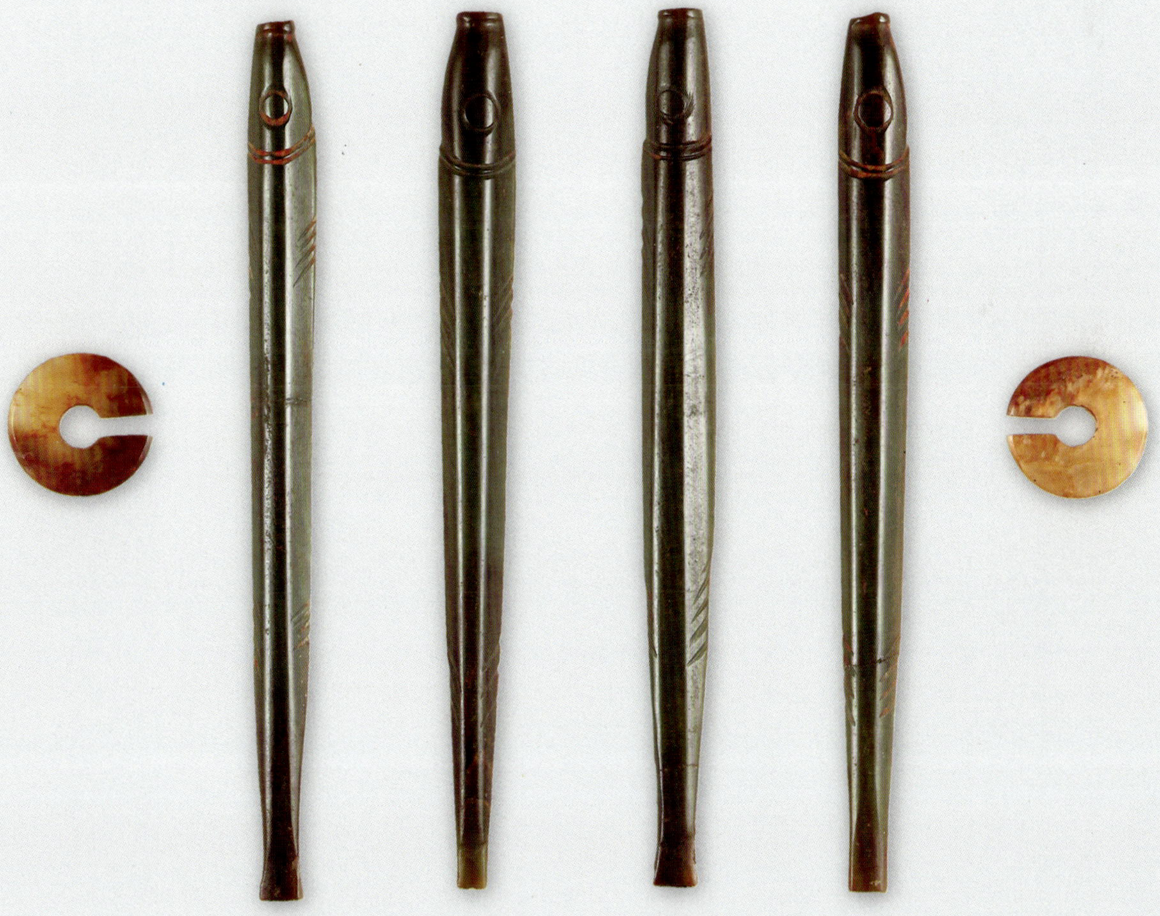

西周 龙凤纹弧面圆角方形玉括发器

No 1401062180001700045305

藏 山西省考古研究所

原 晋侯墓地 M93：4

级 一级

类 玉石器、宝石

代 西周

cm 长 5.4，宽 4.6，高 1.6，厚 0.4

源 1994 年山西省曲沃县北赵晋侯墓地出土

入 1994 年

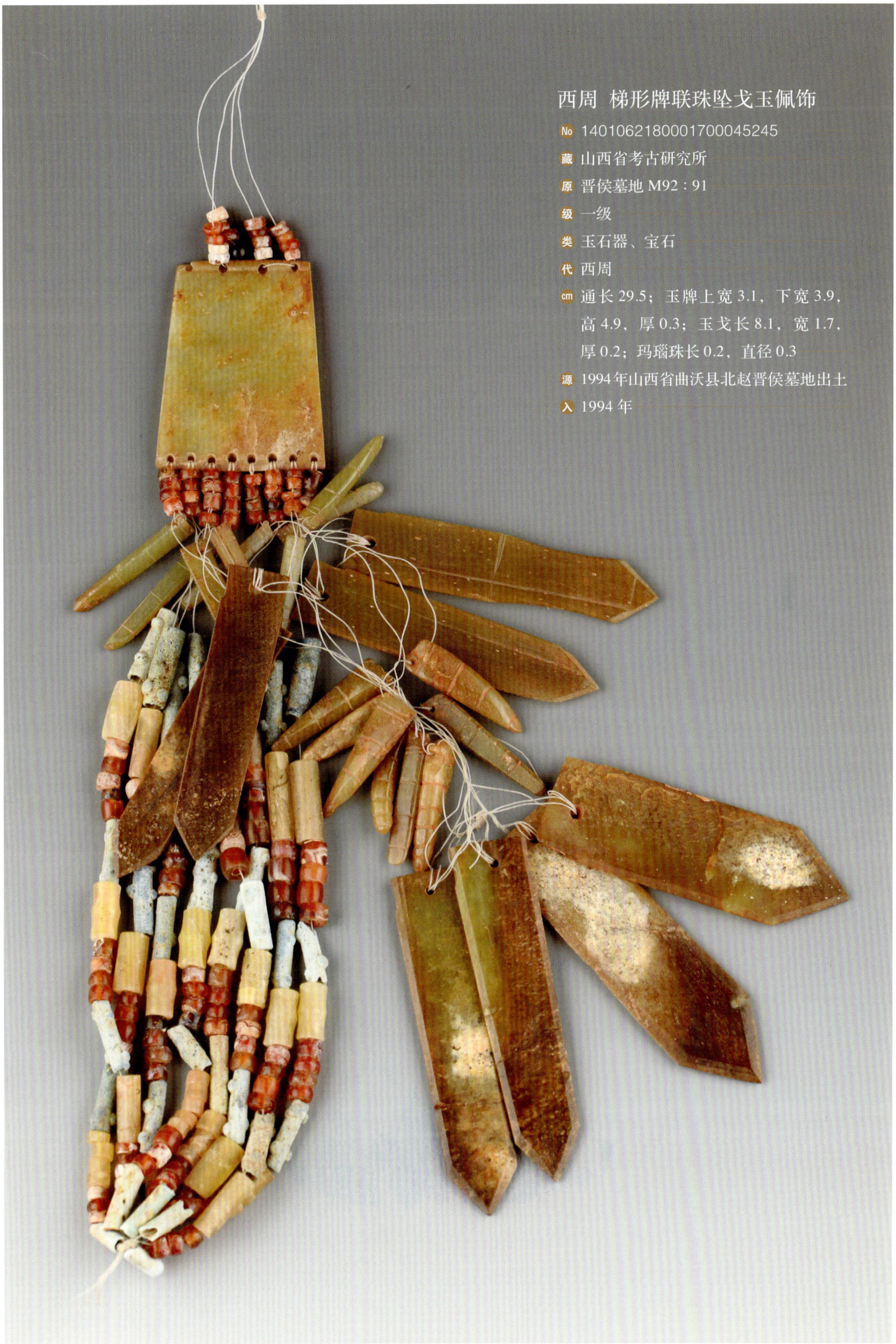

西周 梯形牌联珠坠戈玉佩饰

No 1401062180001700045245

藏 山西省考古研究所

原 晋侯墓地 M92：91

级 一级

类 玉石器、宝石

代 西周

cm 通长 29.5；玉牌上宽 3.1，下宽 3.9，高 4.9，厚 0.3；玉戈长 8.1，宽 1.7，厚 0.2；玛瑙珠长 0.2，直径 0.3

源 1994 年山西省曲沃县北赵晋侯墓地出土

入 1994 年

西周　玉鱼联珠串饰

No

藏 山西省考古研究所

原 晋侯墓地 M102：41

级 一级

类 玉石器、宝石

代 西周

cm 鱼长 7.2

源 2001 年山西省曲沃县北赵晋侯墓地出土

入 2001 年

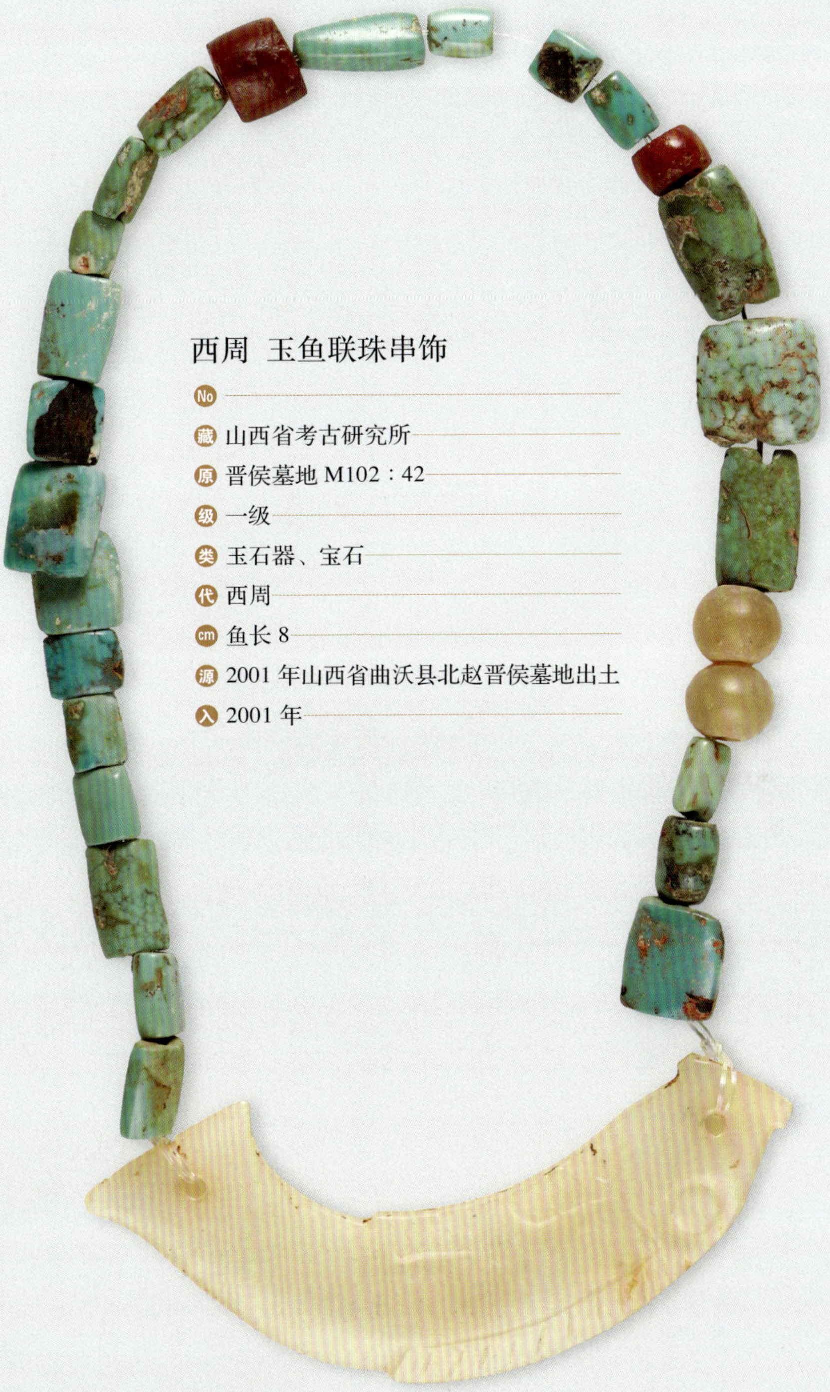

西周 玉鱼联珠串饰

No

藏 山西省考古研究所

原 晋侯墓地 M102：42

级 一级

类 玉石器、宝石

代 西周

cm 鱼长 8

源 2001 年山西省曲沃县北赵晋侯墓地出土

入 2001 年

西周 凸唇玉环

No 14010621800017000045218
藏 山西省考古研究所
原 晋侯墓地 M113 : 71.2
级 一级
类 玉石器、宝石
代 西周
cm 外径 8.8，内径 5.9，厚 0.2，凸缘高 0.7
源 2000 年山西省曲沃县北赵晋侯墓地出土
入 2000 年

西周 莲瓣状玉柄形器

No 14010621800017000 11313

藏 山西省考古研究所

原 skh4579 大河口墓地 M1：137

级 一级

类 玉石器、宝石

代 西周

cm 长 14.3，宽 2.5，厚 1.2

源 2008 年山西省翼城县大河口墓地出土

入 2008 年

西周 青玉鹿

№ 14010621800017000113691
藏 山西省考古研究所
原 skh4598 大河口墓地 M1：205
级 一级
类 玉石器、宝石
代 西周
cm 长 4.5，高 4.6，厚 0.6
源 2008 年山西省翼城县大河口墓地出土
入 2008 年

西周 青玉钺

No 1401062180001700011027

藏 山西省考古研究所

原 skh4599 大河口墓地 M1：206

级 一级

类 玉石器、宝石

代 西周

cm 长 8，宽 7.2，厚 0.3

源 2008 年山西省翼城县大河口墓地出土

入 2008 年

西周 青玉戚

No 1401062180001700011687
藏 山西省考古研究所
原 skh4600 大河口墓地 M1：207
级 一级
类 玉石器、宝石
代 西周
cm 长 15.2，宽 7.2，厚 0.4
源 2008 年山西省翼城县大河口墓地出土
入 2008 年

西周 弦纹凸唇玉璧

- No 1401062180001700017907
- 藏 山西省考古研究所
- 原 skh8415 横水墓地 M2022：27
- 级 一级
- 类 玉石器、宝石
- 代 西周
- cm 外径 11.4，孔径 5.4，厚 0.4，凸缘高 1.1
- 源 2006 年山西省绛县横水墓地出土
- 入 2006 年

西周 鱼形玉饰

No 1401062180001700021040
藏 山西省考古研究所
原 SKT3329 西关 M8：91
级 一级
类 玉石器、宝石
代 西周
cm 长 6.18，宽 1.89，厚 0.49
源 2006 年山西省黎城县西关墓地出土
入 2006 年

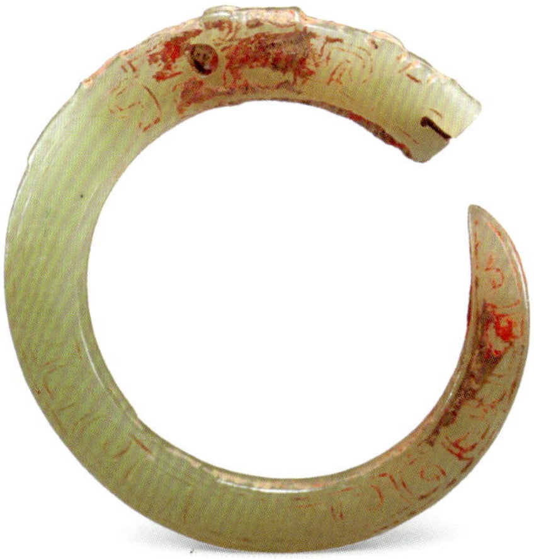

西周 龙形玉玦

No 1401062180001700021079
藏 山西省考古研究所
原 SKT3336 西关 M8：25
级 一级
类 玉石器、宝石
代 西周
cm 外径 4.6，厚 0.42，宽 0.6
源 2006 年山西省黎城县西关墓地出土
入 2006 年

西周 玉蚕

No 1401062180001700020987
藏 山西省考古研究所
原 SKT3351 西关 M10：21
级 一级
类 玉石器、宝石
代 西周
cm 长 3.8，宽 0.7，高 0.7
源 2006 年山西省黎城县西关墓地出土
入 2006 年

西周 嵌龙形玉牌孔雀石饰

No 14010621800017000021029

藏 山西省考古研究所

原 SKT3363 西关 M10：36

级 一级

类 玉石器、宝石

代 西周

cm 玉牌长 3.5，宽 2.1，厚 0.94；底座长 4.8，宽 2.6，厚 0.46

源 2006 年山西省黎城县西关墓地出土

入 2006 年

西周 玉凤

No

藏 山西省考古研究所

原 SK3355 西关 M10：42

级 一级

类 玉石器、宝石

代 西周

cm 长 8.3，宽 2.8

源 2006 年山西省黎城县西关墓地出土

入 2006 年

西周 玉凤

No

藏 山西省考古研究所

原 SK3356 西关 M10：41

级 一级

类 玉石器、宝石

代 西周

cm 长 8.5，宽 2.9

源 2006 年山西省黎城县西关墓地出土

入 2006 年

西周 玉虎

No

藏 山西省考古研究所

原 SK3360 西关 M10：16

级 一级

类 玉石器、宝石

代 西周

cm 长 11.6，宽 5.8

源 2006 年山西省黎城县西关墓地出土

入 2006 年

西周 玉戈

No 1401062180001700021130
藏 山西省考古研究所
原 SKT3930 羊舌 M1：23
级 一级
类 玉石器、宝石
代 西周
cm 长 22.2，宽 3.7，厚 0.39
源 2005 年山西省曲沃县羊舌墓地出土
入 2005 年

西周 玉龙

- No
- 藏 山西省考古研究所
- 原 SK3920 羊舌墓地 M1：5
- 级 一级
- 类 玉石器、宝石
- 代 西周
- cm 长 4，宽 3.7，厚 0.5
- 源 2005 年山西省曲沃县羊舌墓地出土
- 入 2005 年

西周 玉鹿

No

藏 山西省考古研究所

原 SK3923 羊舌墓地 M2：33

级 一级

类 玉石器、宝石

代 西周

cm 长 4.4，高 6，厚 0.5

源 2005 年山西省曲沃县羊舌墓地出土

入 2005 年

西周 龙形玉佩

No

藏 山西省考古研究所

原 羊舌墓地 M1：8

级 一级

类 玉石器、宝石

代 西周

cm 长 5.5，宽 4，厚 0.4

源 2005 年山西省曲沃县羊舌墓地出土

入 2005 年

西周 鸟纹玉饰

No

藏 山西省考古研究所

原 羊舌墓地 M1：21

级 一级

类 玉石器、宝石

代 西周

cm 长 9.2，宽 2.8，厚 0.5

源 2005 年山西省曲沃县羊舌墓地出土

入 2005 年

西周 玉蟠龙

No
藏 山西省考古研究所
原 羊舌墓地 M2：19
级 一级
类 玉石器、宝石
代 西周
cm 长 5，宽 4.3
源 2005 年山西省曲沃县羊舌墓地出土
入 2005 年

西周 兔形玉饰

No 1401062180001700021095

藏 山西省考古研究所

原 SKT691 上郭 M59：2

级 一级

类 玉石器、宝石

代 西周

cm 长 3.3，宽 1.25，厚 0.66

源 1974 年山西省闻喜县上郭墓地出土

入 1974 年

战国 玉带钩

No
藏 山西省考古研究所
原 西高 J138
级 一级
类 玉石器、宝石
代 战国
cm 长 4.4，宽 1.3
源 2001 年山西省侯马市西高祭祀遗址出土
入 2001 年

战国 龙形玉佩

No

藏 山西省考古研究所

原 西高 J495

级 一级

类 玉石器、宝石

代 战国

cm 长 19，宽 3.9，厚 0.6

源 2001 年山西省侯马市西高祭祀遗址出土

入 2001 年

战国 龙形玉佩

No

藏 山西省考古研究所

原 西高 J564

级 一级

类 玉石器、宝石

代 战国

cm 长 24.3，宽 11.4，厚 0.3

源 2001 年山西省侯马市西高祭祀遗址出土

入 2001 年

战国 龙形玉佩

No

藏 山西省考古研究所

原 西高 J643

级 一级

类 玉石器、宝石

代 战国

cm 长 18.4，宽 8，厚 0.6

源 2001 年山西省侯马市西高祭祀遗址出土

入 2001 年

战国 玉人

No

藏 山西省考古研究所

原 西高 J730

级 一级

类 玉石器、宝石

代 战国

cm 宽 1.2，高 2.9，厚 0.8

源 2001 年山西省侯马市西高祭祀遗址出土

入 2001 年

战国 合页状玉器

No
藏 山西省考古研究所
原 西高 J779
级 一级
类 玉石器、宝石
代 战国
cm 长 10.8，宽 3，厚 0.5
源 2001 年山西省侯马市西高祭祀遗址出土
入 2001 年

战国 绞丝纹青玉环

- No 14010621800017000021022
- 藏 山西省考古研究所
- 原 SKT3765 邱家庄 M1：17
- 级 一级
- 类 玉石器、宝石
- 代 战国
- cm 外径 6.7，厚 0.74
- 源 1988 年山西省闻喜县邱家庄墓地出土
- 入 1988 年

战国 红缟玛瑙环

- No 14010621800017000021092
- 藏 山西省考古研究所
- 原 SKT3766-1 邱家庄 M1
- 级 一级
- 类 玉石器、宝石
- 代 战国
- cm 最大外径 6.6，最小外径 5.8，厚 0.63
- 源 1988 年山西省闻喜县邱家庄墓地出土
- 入 1988 年

东汉 青玉猪握

No 14010621800017000022736

藏 山西省考古研究所

原 SKT837 夏县 M12

级 一级

类 玉石器、宝石

代 东汉

cm 长 11.3，宽 2.5，高 2.8

源 1989 年山西省夏县王村夏后氏陵出土

入 1989 年

新石器时代 庙底沟文化折沿彩陶盆

- No 1401062180001700001534
- 藏 山西省考古研究所
- 原 SKNS1460 芮城县调查 H46
- 级 一级
- 类 陶器
- 代 新石器时代
- cm 高 14.9，口径 38，底径 12
- 源 2003 年山西省芮城县调查出土
- 入 2003 年

新石器时代 庙底沟文化曲腹彩陶盆

No 14010621800017000001465

藏 山西省考古研究所

原 SKNS1463 垣曲下马遗址 H3

级 一级

类 陶器

代 新石器时代

cm 高 21，口径 31.5，底径 12

源 2000 年山西省垣曲县下马遗址出土

入 2000 年

2000YXT$_2$H$_3$

新石器时代 泥质褐陶人面形器

- No 1401062180001700022616
- 藏 山西省考古研究所
- 原 SKT3941 沟堡 F1：1
- 级 一级
- 类 陶器
- 代 新石器时代
- cm 高 21.5，上口径 16.8~17.8，下口径 26.4~26.8
- 源 2003 年山西省吉县沟堡遗址出土
- 入 2003 年

新石器时代 龙山文化篮纹泥质灰陶蛋形三足瓮

No 1401062180001700022239
藏 山西省考古研究所
原 SKT2034 峪道河 M2
级 一级
类 陶器
代 新石器时代
cm 宽 46，高 60.8，口径 28.5，腹径 46
源 2005 年山西省汾阳市峪道河出土
入 2005 年

新石器时代 龙山文化绳纹磨光黑陶斝

No 14010621800017000022524

藏 山西省考古研究所

原 SKT2007

级 一级

类 陶器

代 新石器时代

cm 高 21.3，口径 20

源 1975 年山西省太原市狄村出土

入 1975 年

商 陶爵

No

藏 山西省考古研究所

原 0001

级 一级

类 陶器

代 商

cm 高 18.8

源 1961 年山西省侯马市上马村砖瓦窑采集

入 1961 年

春秋 蟠螭纹泥质红褐色陶范

No 14010621800017000022729

藏 山西省考古研究所

原 SKT746 铸铜遗址 T47H123：1

级 一级

类 陶器

代 春秋

cm 长 17.5，宽 13.3，厚 2.8

源 1960 年山西省侯马市铸铜遗址出土

入 1960 年

春秋 镞双合陶范

- No 1401062180001700035802
- 藏 山西省考古研究所
- 原 skh13276 铸铜遗址 T629H287：5
- 级 一级
- 类 陶器
- 代 春秋
- cm 长 22.8，宽 9.8，厚 5
- 源 1963 年山西省侯马市铸铜遗址出土
- 入 1963 年

春秋 戈陶范

No 1401062180001700035671
藏 山西省考古研究所
原 skh13280 铸铜遗址 T637H98：5
级 一级
类 陶器
代 春秋
cm 长 30.2，宽 17.2，厚 5.4
源 1963 年山西省侯马市铸铜遗址出土
入 1963 年

春秋 叶形纹车軎双合陶范

- No 1401062180001700035858
- 藏 山西省考古研究所
- 原 skh13314 铸铜遗址 T94 ④ : 6
- 级 一级
- 类 陶器
- 代 春秋
- cm 高 16.6，外端径 10.2，内端径 11
- 源 1960 年山西省侯马市铸铜遗址出土
- 入 1960 年

春秋 兽面纹铺首陶模

No 14010621800017000359 01

藏 山西省考古研究所

原 skh13358 铸铜遗址 T9H79

级 一级

类 陶器

代 春秋

cm 长 6.8，宽 6.5，厚 3.8

源 1963 年山西省侯马市铸铜遗址出土

入 1963 年

春秋 蟠螭纹当卢陶模

No 1401062180001700035711
藏 山西省考古研究所
原 skh13359 铸铜遗址 T9H79
级 一级
类 陶器
代 春秋
cm 长 10.2，宽 9.4，厚 2.3
源 1963 年山西省侯马市铸铜遗址出土
入 1963 年

春秋 兽面纹鼎足陶模

- No 1401062180001700035734
- 藏 山西省考古研究所
- 原 skh13360 铸铜遗址 T9H79
- 级 一级
- 类 陶器
- 代 春秋
- cm 长 7.6，宽 6.5，高 18.7
- 源 1963 年山西省侯马市铸铜遗址出土
- 入 1963 年

春秋 鸟纹戈鐏双合带芯陶范

No 14010621800017000038521

藏 山西省考古研究所

原 skh14510 铸铜遗址 HP：061

级 一级

类 陶器

代 春秋

cm 长 11.5，上宽 3.4，下宽 5，厚 4.6

源 1960 年山西省侯马市铸铜遗址出土

入 1960 年

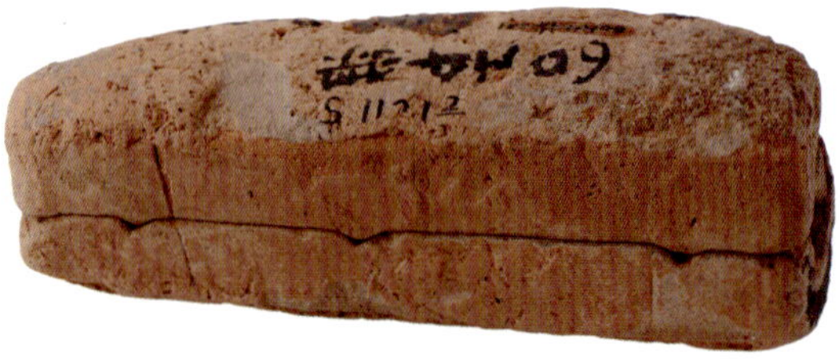

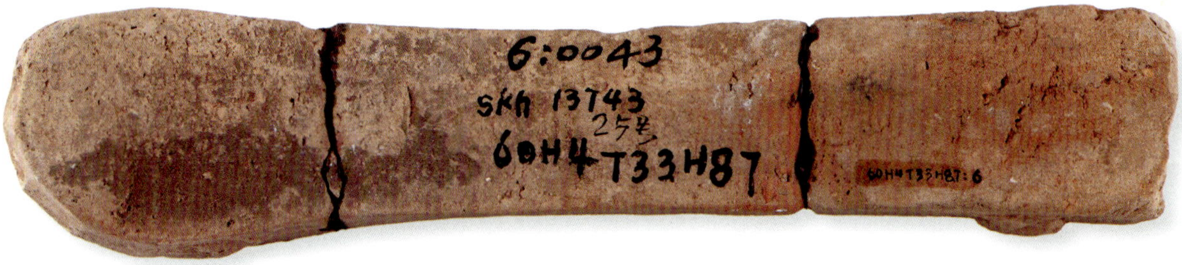

战国 双身龙纹匕陶范

No 14010621800017000360091

藏 山西省考古研究所

原 skh13743 铸铜遗址 T33H87：6

级 一级

类 陶器

代 战国

cm 长 23.6，宽 5，厚 3.2

源 1960 年山西省侯马市铸铜遗址出土

入 1960 年

战国 文字陶模

- No 1401062180001700035605
- 藏 山西省考古研究所
- 原 skh13523 铸铜遗址 T31H477：5
- 级 一级
- 类 陶器
- 代 战国
- cm 长 3，宽 3，厚 1.4
- 源 1960 年山西省侯马市铸铜遗址出土
- 入 1960 年

战国 龙纹戈鐏陶模、范

No

藏 山西省考古研究所

原 skh10941 白店 H15：1

级 一级

类 陶器

代 战国

cm 模长 12.5，宽 3.3，厚 2.4；范长 13.3，宽 5.5，厚 2.9

源 2003 年山西省侯马市白店铸铜遗址出土

入 2003 年

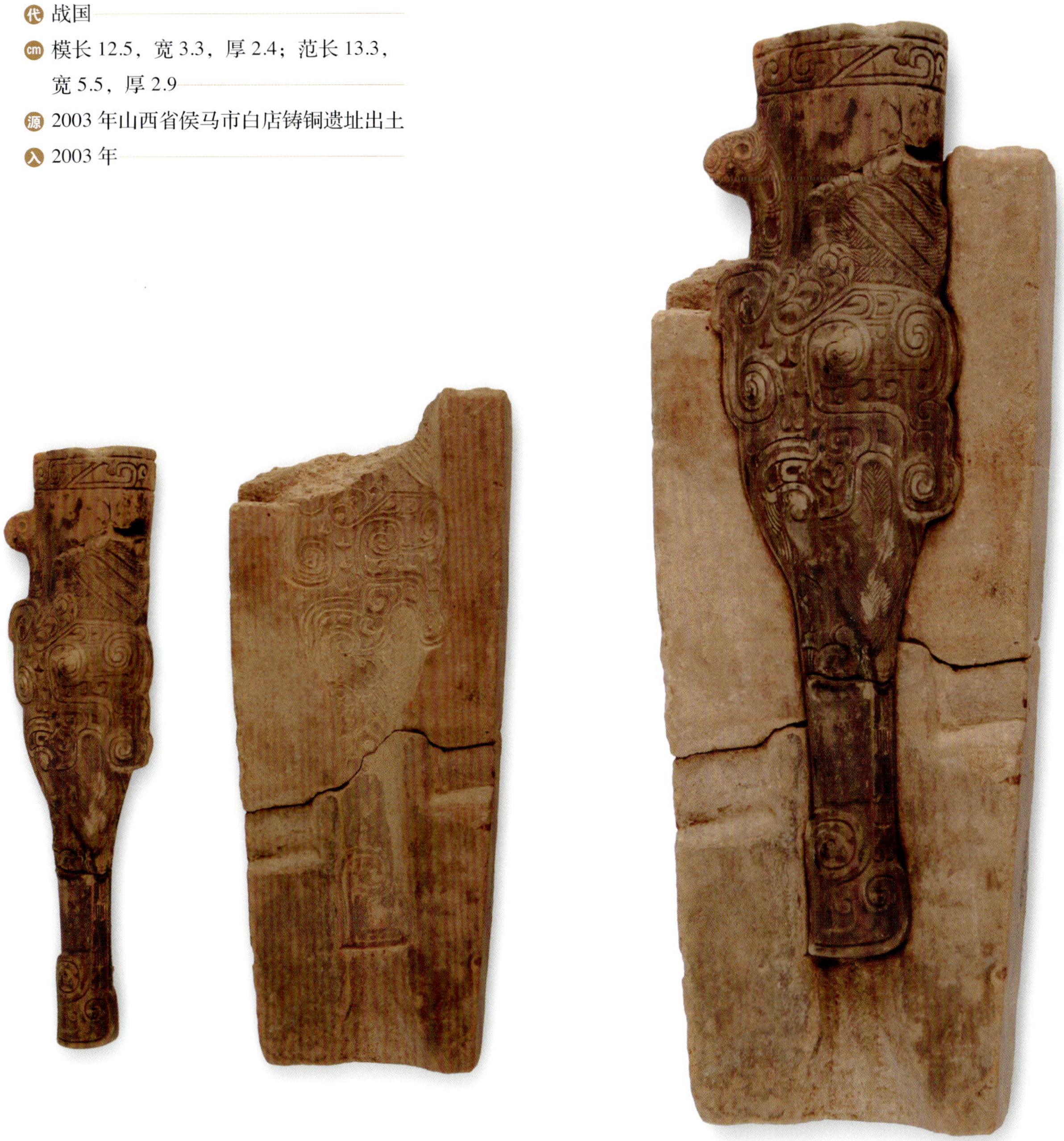

战国 站立状人陶模

No

藏 山西省考古研究所

原 skh10943 白店 H15：3

级 一级

类 陶器

代 战国

cm 长 14.3，宽 2.6，高 7.1

源 2003 年山西省侯马市白店铸铜遗址出土

入 2003 年

战国 蟠螭纹陶模

No

藏 山西省考古研究所

原 skh10946 白店 H15：6

级 一级

类 陶器

代 战国

cm 外径 12.5，厚 3.1

源 2003 年山西省侯马市白店铸铜遗址出土

入 2003 年

战国 跪状牛形陶模

No
藏 山西省考古研究所
原 skh10948 白店 H15：8
级 一级
类 陶器
代 战国
cm 长 4.4，宽 2.1，高 2.3
源 2003 年山西省侯马市白店铸铜遗址出土
入 2003 年

战国 站立状人陶模

No

藏 山西省考古研究所

原 skh10949 白店 H15：9

级 一级

类 陶器

代 战国

cm 宽 1，高 2.1

源 2003 年山西省侯马市白店铸铜遗址出土

入 2003 年

战国 叶形纹陶模

No
藏 山西省考古研究所
原 skh10950 白店 H15：10
级 一级
类 陶器
代 战国
cm 长 16，宽 8.5，高 2.4，厚 2.4
源 2003 年山西省侯马市白店铸铜遗址出土
入 2003 年

战国 蟠螭纹镜陶模

No
藏 山西省考古研究所
原 skh10952 白店 H15：12
级 一级
类 陶器
代 战国
cm 外径 14.7，厚 2
源 2003 年山西省侯马市白店铸铜遗址出土
入 2003 年

战国 龙纹陶模

No
藏 山西省考古研究所
原 skh10955 白店 H15：15
级 一级
类 陶器
代 战国
cm 长 26.3，宽 9.6，高 3.6，厚 2
源 2003 年山西省侯马市白店铸铜遗址出土
入 2003 年

战国 叶形纹陶模

No
藏 山西省考古研究所
原 skh10957 白店 H15：17
级 一级
类 陶器
代 战国
cm 直径 11.7，厚 2.3
源 2003 年山西省侯马市白店铸铜遗址出土
入 2003 年

战国 勾连云纹陶模

No

藏 山西省考古研究所

原 skh10967 白店 H15：27

级 一级

类 陶器

代 战国

cm 长 17.3，宽 8.7，高 3

源 2003 年山西省侯马市白店铸铜遗址出土

入 2003 年

战国 三棱镞三合陶范

No
藏 山西省考古研究所
原 skh10971 白店 H15：31
级 一级
类 陶器
代 战国
cm 长 9.7，宽 3.8，厚 3.3
源 2003 年山西省侯马市白店铸铜遗址出土
入 2003 年

战国 蟠螭纹陶模

No

藏 山西省考古研究所

原 skh10977 白店 H15：37

级 一级

类 陶器

代 战国

cm 长 20.2，宽 8.6，高 5.8，厚 3.5

源 2003 年山西省侯马市白店铸铜遗址出土

入 2003 年

战国 散虺纹陶模

No

藏 山西省考古研究所

原 skh10978 白店 H15：38

级 一级

类 陶器

代 战国

cm 长 15.8，宽 8.5，高 4，厚 2.5

源 2003 年山西省侯马市白店铸铜遗址出土

入 2003 年

战国 S形勾连云纹陶模

No

藏 山西省考古研究所

原 skh10985 白店 H15：45

级 一级

类 陶器

代 战国

cm 长 18，宽 9.7，厚 1.8

源 2003 年山西省侯马市白店铸铜遗址出土

入 2003 年

战国 S形勾连云纹陶模

No

藏 山西省考古研究所

原 skh10986 白店 H15 : 46

级 一级

类 陶器

代 战国

cm 长 16.6，宽 6.3，高 3.4，厚 1.7

源 2003 年山西省侯马市白店铸铜遗址出土

入 2003 年

战国 云纹带钩陶范

No

藏 山西省考古研究所

原 skh10990 白店 H15：50

级 一级

类 陶器

代 战国

cm 长 9.3，宽 3.3，厚 2.6

源 2003 年山西省侯马市白店铸铜遗址出土

入 2003 年

战国 斜角云纹陶模

No
藏 山西省考古研究所
原 skh10991 白店 H15 : 51
级 一级
类 陶器
代 战国
cm 长 16.9，宽 10.4，高 3，厚 1.8
源 2003 年山西省侯马市白店铸铜遗址出土
入 2003 年

战国 卧牛陶模、范

No

藏 山西省考古研究所

原 skh10992 白店 H15：52

级 一级

类 陶器

代 战国

cm 模长 8.4，宽 5.2，厚 3.8；范长 7.8，宽 5.5，厚 3.7

源 2003 年山西省侯马市白店铸铜遗址出土

入 2003 年

战国 双身龙纹陶模

No

藏 山西省考古研究所

原 skh10993 白店 H15：53

级 一级

类 陶器

代 战国

cm 长 10.8，宽 10.7，厚 2.2

源 2003 年山西省侯马市白店铸铜遗址出土

入 2003 年

战国 三猴陶模

No

藏 山西省考古研究所

原 skh10996 白店 H15：56

级 一级

类 陶器

代 战国

cm 长 2，宽 1.4，高 2.5

源 2003 年山西省侯马市白店铸铜遗址出土

入 2003 年

战国 桥形纽椭圆形“繁”字印章陶模

No

藏 山西省考古研究所

原 skh10997 白店 H15：57

级 一级

类 陶器

代 战国

cm 长 1.5，宽 1.2，高 1.3

源 2003 年山西省侯马市白店铸铜遗址出土

入 2003 年

战国 兽面纹铺首陶模

No
藏 山西省考古研究所
原 skh11002 白店 H15：62
级 一级
类 陶器
代 战国
cm 长 8.4，宽 8.4，高 3.5，厚 1.5
源 2003 年山西省侯马市白店铸铜遗址出土
入 2003 年

战国 兽面纹铺首陶模

No

藏 山西省考古研究所

原 skh11005 白店 H15 : 65

级 一级

类 陶器

代 战国

cm 长 11.2，宽 10，高 5.8，厚 3.5

源 2003 年山西省侯马市白店铸铜遗址出土

入 2003 年

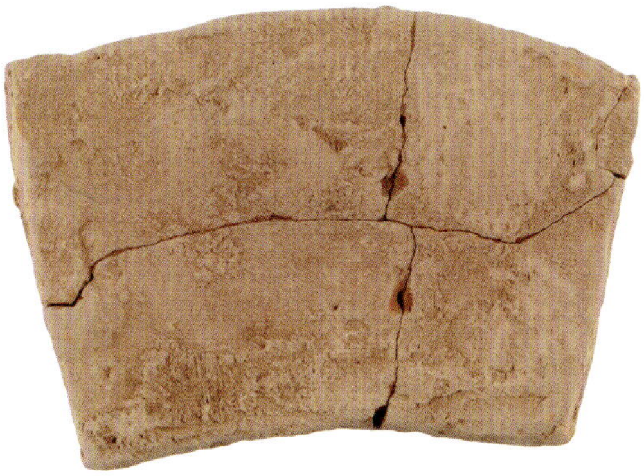

战国 花朵纹陶模

No

藏 山西省考古研究所

原 skh11023 白店 H15：83

级 一级

类 陶器

代 战国

cm 长 12.4，宽 8.5，厚 1.7

源 2003 年山西省侯马市白店铸铜遗址出土

入 2003 年

战国 蟠螭纹陶模

No

藏 山西省考古研究所

原 skh11027 白店 H15：87

级 一级

类 陶器

代 战国

cm 长 13，宽 7.4，厚 1.7

源 2003 年山西省侯马市白店铸铜遗址出土

入 2003 年

战国 兽面纹铺首陶模

No
藏 山西省考古研究所
原 skh11056 白店 H15：116
级 一级
类 陶器
代 战国
cm 长 5.6，宽 4.6，厚 1.3
源 2003 年山西省侯马市白店铸铜遗址出土
入 2003 年

战国 蟠螭纹陶模

No
藏 山西省考古研究所
原 skh11059 白店 H15：119
级 一级
类 陶器
代 战国
cm 长 17，宽 3.9，厚 2.7
源 2003 年山西省侯马市白店铸铜遗址出土
入 2003 年

战国 蟠螭纹陶模

No

藏 山西省考古研究所

原 skh11066 白店 H15：126

级 一级

类 陶器

代 战国

cm 长 12.8，宽 7.5，厚 1.7

源 2003 年山西省侯马市白店铸铜遗址出土

入 2003 年

战国 花朵纹陶模

No

藏 山西省考古研究所

原 skh11081 白店 H15：141

级 一级

类 陶器

代 战国

cm 长 17.5，宽 10.5，高 3.3，厚 1.8

源 2003 年山西省侯马市白店铸铜遗址出土

入 2003 年

战国 散虺纹陶模

No

藏 山西省考古研究所

原 skh11098 白店 H15：158

级 一级

类 陶器

代 战国

cm 长 16.7，宽 6.5，高 4.4，厚 2

源 2003 年山西省侯马市白店铸铜遗址出土

入 2003 年

战国 勾连云纹陶模

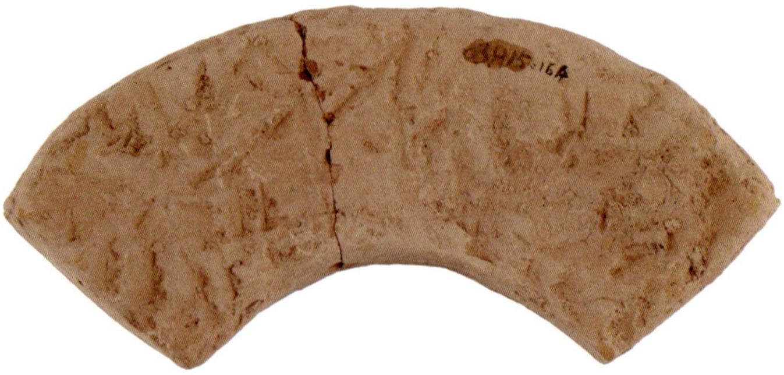

No

藏 山西省考古研究所

原 skh11104 白店 H15：164

级 一级

类 陶器

代 战国

cm 长 17.5，宽 6，厚 2.2

源 2003 年山西省侯马市白店铸铜遗址出土

入 2003 年

战国 龙纹陶模

No

藏 山西省考古研究所

原 skh11105 白店 H15：165

级 一级

类 陶器

代 战国

cm 长 13.8，宽 5.6，厚 1.8

源 2003 年山西省侯马市白店铸铜遗址出土

入 2003 年

战国 龙纹陶模

No

藏 山西省考古研究所

原 skh11106 白店 H15：166

级 一级

类 陶器

代 战国

cm 长 14.3，宽 5.6，厚 2.1

源 2003 年山西省侯马市白店铸铜遗址出土

入 2003 年

战国 散虺纹陶模

No
藏 山西省考古研究所
原 skh11107 白店 H15：167
级 一级
类 陶器
代 战国
cm 长 16.3，宽 9.9，厚 2.2
源 2003 年山西省侯马市白店铸铜遗址出土
入 2003 年

战国 斜角云纹环陶范

No

藏 山西省考古研究所

原 skh11122 白店 H15：182

级 一级

类 陶器

代 战国

cm 长 6.2，宽 4.2，厚 1.5

源 2003 年山西省侯马市白店铸铜遗址出土

入 2003 年

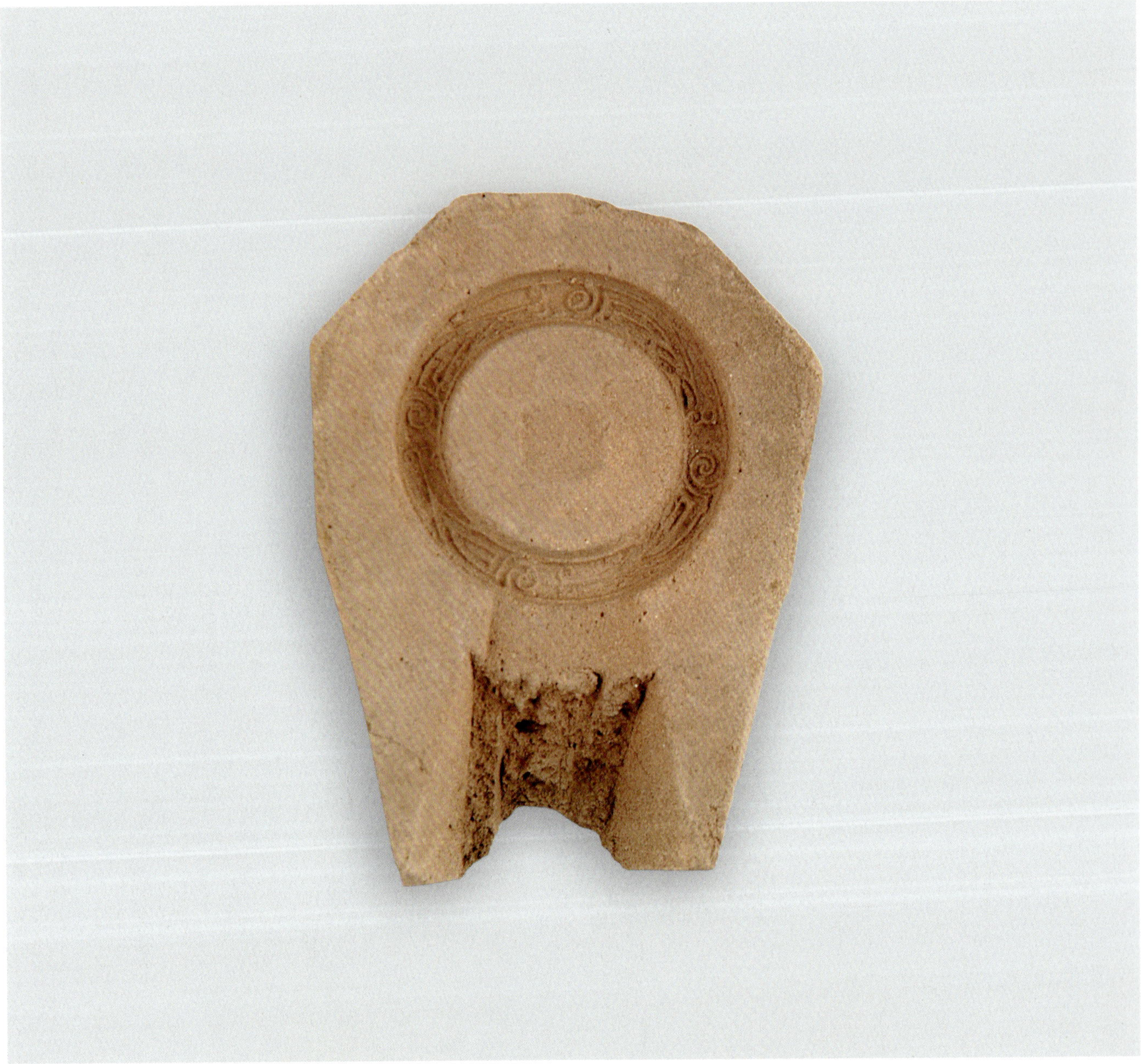

战国 斜角云纹环陶范

- No
- 藏 山西省考古研究所
- 原 skh11123 白店 H15：183
- 级 一级
- 类 陶器
- 代 战国
- cm 长 5.6，宽 4.2，厚 1.4
- 源 2003 年山西省侯马市白店铸铜遗址出土
- 入 2003 年

战国 蟠螭纹陶模

No

藏 山西省考古研究所

原 skh11133 白店 H15：193

级 一级

类 陶器

代 战国

cm 长 13.2，宽 8.4，厚 1.5

源 2003 年山西省侯马市白店铸铜遗址出土

入 2003 年

战国 琵琶形带钩双合陶范

No

藏 山西省考古研究所

原 skh11135 白店 H15：195

级 一级

类 陶器

代 战国

cm 长 10.8，宽 3，厚 2.8

源 2003 年山西省侯马市白店铸铜遗址出土

入 2003 年

战国 兽面纹铺首陶模

No

藏 山西省考古研究所

原 skh11142 白店 H15：202

级 一级

类 陶器

代 战国

cm 长 10.7，宽 9.8，高 3.5，厚 2

源 2003 年山西省侯马市白店铸铜遗址出土

入 2003 年

战国 兽面纹铺首陶范

No
藏 山西省考古研究所
原 skh11143 白店 H15：203
级 一级
类 陶器
代 战国
cm 长 4.9，宽 4.2，厚 1
源 2003 年山西省侯马市白店铸铜遗址出土
入 2003 年

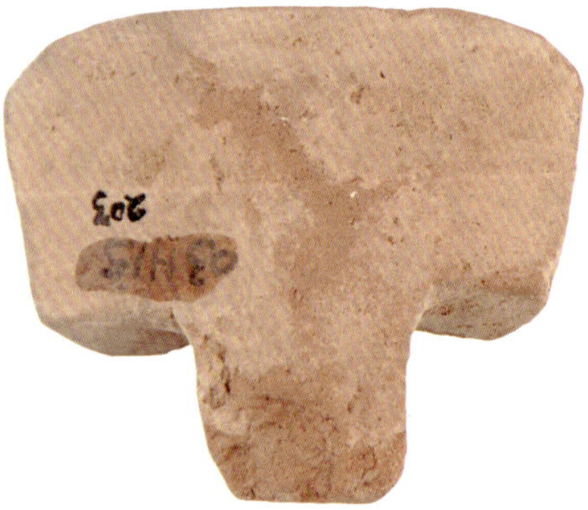

战国 云纹带钩陶范

No

藏 山西省考古研究所

原 skh11158 白店 H15 : 218

级 一级

类 陶器

代 战国

cm 长 8，宽 3.3，厚 2.3

源 2003 年山西省侯马市白店铸铜遗址出土

入 2003 年

汉 绿釉陶吊灯

No

藏 山西省考古研究所

原 88H16M3：27

级 一级

类 陶器

代 汉

cm 长 57，高 34

源 1988 年山西省侯马市乔村墓地出土

入 1988 年

隋 彩绘按盾武士陶俑

No 1401062180001700020882
藏 山西省考古研究所
原 SKT1079-1 沙沟 M1：116
级 一级
类 雕塑、造像
代 隋
cm 宽 14.5，高 48.9
源 1980 年山西省太原市沙沟斛律彻墓出土
入 1980 年

隋 彩绘按盾武士陶俑

No 1401062180001700020836
藏 山西省考古研究所
原 SKT1079-2 沙沟 M1：116
级 一级
类 雕塑、造像
代 隋
cm 宽 14.5，高 49.5
源 1980 年山西省太原市沙沟斛律彻墓出土
入 1980 年

唐 三彩骆驼俑

No 1401062180001700022579
藏 山西省考古研究所
原 SKT1140 太原焦化厂 M1：20
级 一级
类 雕塑、造像
代 唐
cm 长 38.5，宽 14.8，高 48
源 1987 年山西省太原市焦化厂唐墓出土
入 1987 年

西周 弦纹泥饼原始瓷豆

No 1401062180001700011374
藏 山西省考古研究所
原 skh4413 大河口墓地 M1：59
级 一级
类 瓷器
代 西周
cm 高 7.5，腹径 12.8
源 2008 年山西省翼城县大河口墓地出土
入 2008 年

西周 双系原始瓷尊

- No 14010621800017000011276
- 藏 山西省考古研究所
- 原 skh4417 大河口墓地 M1：80
- 级 一级
- 类 瓷器
- 代 西周
- cm 高 28.2，耳距 25.7，腹径 23.4
- 源 2008 年山西省翼城县大河口墓地出土
- 入 2008 年

西周 四系原始瓷尊

No 1401062180001700011350

藏 山西省考古研究所

原 skh4418 大河口墓地 M1：81

级 一级

类 瓷器

代 西周

cm 高 25.3，腹径 24.1

源 2008 年山西省翼城县大河口墓地出土

入 2008 年

西周 弦纹四系原始瓷瓿

No 140106218000170001263
藏 山西省考古研究所
原 skh4420 大河口墓地 M1：161
级 一级
类 瓷器
代 西周
cm 高 12.9，腹径 16.8
源 2008 年山西省翼城县大河口墓地出土
入 2008 年

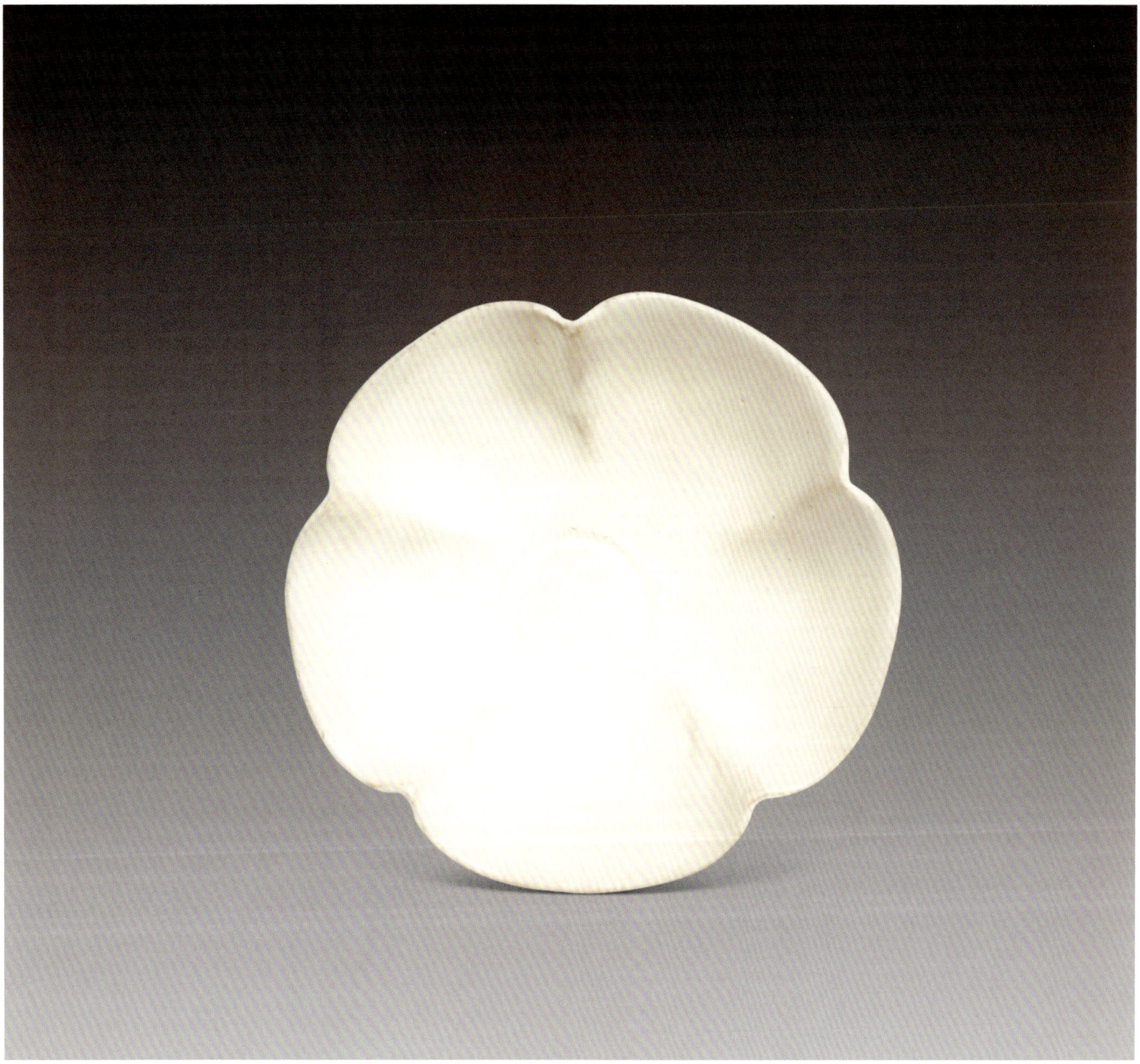

唐 白釉葵口瓷碗

No 1401062180001700022511
藏 山西省考古研究所
原 SKT803
级 一级
类 瓷器
代 唐
cm 高 3.8，口径 12，圈足径 5
源 1988 年山西省太原市金胜村出土
入 1988 年

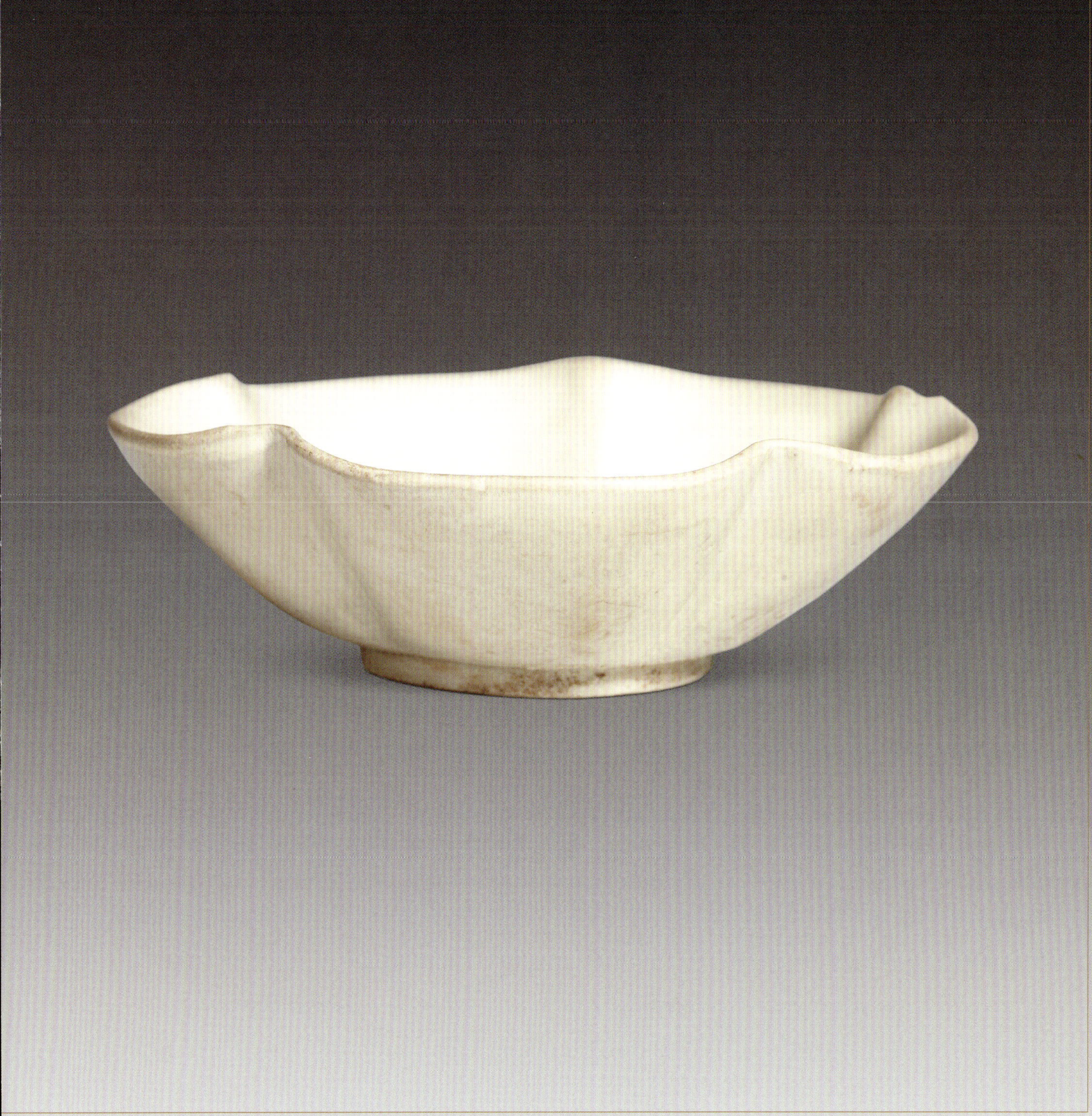

唐 绿釉陶净瓶

No 1401062180001700037088
藏 山西省考古研究所
原 SKC95
级 一级
类 瓷器
代 唐
cm 高 22.8，口径 5.08，腹径 12.4，底径 7.17
源 1966~1976 年山西省长治市采集
入 1966~1976 年

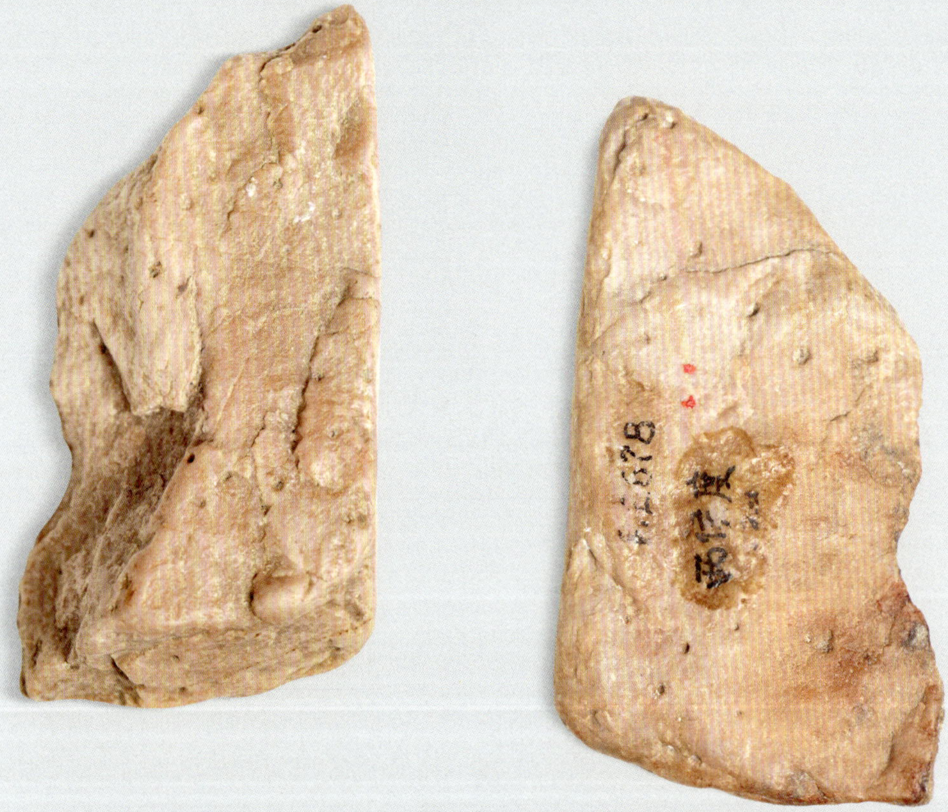

旧石器时代 石英岩单刃刮削器

No 1401062180001700020705

藏 山西省考古研究所

原 SKJ1182

级 石器

类 一级

代 旧石器时代

cm 长 11.06，宽 5.38，厚 2.79

源 1962 年山西省芮城县西侯度遗址出土

入 1962 年

旧石器时代 角页岩尖状器

No 140106218000170002030 9
藏 山西省考古研究所
原 SKJ393
级 石器
类 一级
代 旧石器时代
cm 长 21，宽 11.64，厚 4.11
源 1979 年山西省襄汾县丁村遗址群出土
入 1979 年

旧石器时代 角页岩三棱大尖状器

No 14010621800017000204452

藏 山西省考古研究所

原 SKJ590

级 石器

类 一级

代 旧石器时代

cm 长 20.9，宽 10.5，厚 5.7

源 1976 年山西省襄汾县丁村遗址群出土

入 1976 年

旧石器时代 砂岩锛状器

No 1401062180001700021338
藏 山西省考古研究所
原 SKJ1187
级 石器
类 一级
代 旧石器时代
cm 长 6.16，宽 4.82，厚 2.15
源 1972 年山西省沁水县下川遗址出土
入 1972 年

旧石器时代 燧石扁底三棱尖状器

No 1401062180001700022074
藏 山西省考古研究所
原 SKJ1513
级 石器
类 一级
代 旧石器时代
cm 长 6.67，宽 2.16，厚 1.14
源 1972 年山西省沁水县下川遗址出土
入 1972 年

旧石器时代 燧石圆底石镞

No 1401062180001700020584
藏 山西省考古研究所
原 SKJ1521
级 石器
类 一级
代 旧石器时代
cm 长 3.96，宽 1.83，厚 0.51
源 1972 年山西省沁水县下川遗址出土
入 1972 年

商 金耳环

No 1401062180001700022607
藏 山西省考古研究所
原 SKT78
级 一级
类 金银器
代 商
cm 长 4，宽 2.5
源 1982 年山西省洪洞县双昌公社采集
入 1982 年

商 金耳环

No 1401062180001700022601
藏 山西省考古研究所
原 SKT1407 白燕 M13：1、3
级 一级
类 金银器
代 商
cm 长 5.6~5.9，宽 4.1~4.2
源 1983 年山西省太谷县白燕遗址出土
入 1983 年

商 金耳环

No 1401062180001700022713
藏 山西省考古研究所
原 SKT1408 白燕 M5
级 一级
类 金银器
代 商
cm 长 4.9，宽 4.1
源 1983 年山西省太谷县白燕遗址出土
入 1983 年

西周 龙纹镂空金环形饰

- No 14010621800017000455 36
- 藏 山西省考古研究所
- 原 晋侯墓地 M64：40
- 级 一级
- 类 金银器
- 代 西周
- cm 长 5.9，宽 4.8，厚 0.2
- 源 1993 年山西省曲沃县北赵晋侯墓地出土
- 入 1993 年

西周 龙纹镂空金环形饰

No 14010621800017000045426

藏 山西省考古研究所

原 晋侯墓地 M64：41

级 一级

类 金银器

代 西周

cm 长 5.7，宽 4.8，厚 0.2

源 1993 年山西省曲沃县北赵晋侯墓地出土

入 1993 年

西周 龙纹镂空方形金环形饰

- No 14010621800017000453960
- 藏 山西省考古研究所
- 原 晋侯墓地 M64：42
- 级 一级
- 类 金银器
- 代 西周
- cm 长 4，宽 3.6，厚 0.2
- 源 1993 年山西省曲沃县北赵晋侯墓地出土
- 入 1993 年

西周 龙纹镂空金环形饰

No 1401062180001700045234
藏 山西省考古研究所
原 晋侯墓地 M64：43
级 一级
类 金银器
代 西周
cm 长 5.8，宽 4.8，厚 0.1
源 1993 年山西省曲沃县北赵晋侯墓地出土
入 1993 年

西周 龙纹镂空金环形饰

No 14010621800017000452 12
藏 山西省考古研究所
原 晋侯墓地 M64：44
级 一级
类 金银器
代 西周
cm 长 4.7，宽 3.9，厚 0.1
源 1993 年山西省曲沃县北赵晋侯墓地出土
入 1993 年

西周 三角形金饰

No
藏 山西省考古研究所
原 羊舌墓地 M1：30
级 一级
类 金银器
代 西周
cm 长 11，宽 5
源 2005 年山西省曲沃县羊舌墓地出土
入 2005 年

西周 金辅首衔环

No

藏 山西省考古研究所

原 羊舌墓地 M1：86

级 一级

类 金银器

代 西周

cm 长 3.2，宽 2

源 2005 年山西省曲沃县羊舌墓地出土

入 2005 年

西周 金辅首衔环

No

藏 山西省考古研究所

原 羊舌墓地 M1：87

级 一级

类 金银器

代 西周

cm 长 3.2，宽 2

源 2005 年山西省曲沃县羊舌墓地出土

入 2005 年

金 镂空牡丹纹黄金头饰

No 1401062180001700060321
藏 山西省考古研究所
原 SXJT0115 ③ -36
级 一级
类 金银器
代 金
cm 长 2.3，宽 2.2，厚 0.2
源 2013 年山西省新绛县绛州大堂出土
入 2013 年

秦 铁权

- No 1401062180001700021088
- 藏 山西省考古研究所
- 原 SKT741
- 级 一级
- 类 度量衡器
- 代 秦
- cm 宽 22.5，高 20
- 源 2002 年山西省晋中市榆次区捐赠
- 入 2002 年

北魏 刻划铜尺

- No 1401062180001700022468
- 藏 山西省考古研究所
- 原 SKT863 太原东太堡 M1：5
- 级 一级
- 类 度量衡器
- 代 北魏
- cm 长 13.5，宽 1
- 源 1975 年山西省太原市东太堡出土
- 入 1975 年